"十二五"
国家重点图书
出版规划项目

怀特海文集

科学与近代世界

［英］阿尔弗雷德·怀特海 著

黄振威 译

Science and The Modern World

ALFRED NORTH WHITEHEAD

北京师范大学出版集团
BEIJING NORMAL UNIVERSITY PUBLISHING GROUP
北京师范大学出版社

献给我过去和现在的同事

友谊是我的动力

前　言

　　本书主要研究过去三个世纪中，西方文化在科学发展的影响下所显示出的某些方面。本书以这种信念为指导，即认为时代思潮源自于在社会的知识阶层中事实上占据统治地位的普遍的世界观。由于文化部门繁多，观念体系也可能不止一个。人类的各种兴趣活动，例如科学、美学、伦理学、宗教学等都可以产生宇宙观，同时又受宇宙观的影响。在每一个时期，这些主题都各自提出了不同的世界观。由于同一群人受到一种以上或者上述全部兴趣活动的影响，他们的实际观点便会是上述各种来源的综合产物。但是每一个时期都有其占据统治地位的考虑因素，在本书所讨论的三个世纪中，从科学中脱胎出来的宇宙观超越了从其他方面脱胎出来的旧观点而占据主流。人类总是受到时间和地点的约束。我们也许将问我们自己：近代世界新出现的科学思想是不是这种局限性的大好例证。

　　哲学，它的功能之一，就是批判宇宙观。哲学的功能就是将有关事物本质的分散直觉加以调和，重建形式，并提出证明。在形成我们的宇宙观体系时，它必须坚持仔细考察终极观念，并保存全部论据。它的职责是尽可能把未经理智检验而无意识形成的过程明晰化，并使之产生效力。

想到这一点，我无意介绍有关科学进展的许多深奥的细节。目前我所需要的和我努力争取的，是富有同情心地去研究主要观念的内在情况。如果我对于哲学功能的看法是正确的，它就是所有知识追求活动中最有成效的了。它在工人尚未搬来一块石头之时便盖好了大教堂，也在要素尚未剥落拱门之前就毁坏了教堂。它是精神建筑物的建筑师，同时也是破坏者——精神先于物质而到来。另外，哲学的功用是缓慢的。思想往往潜伏好几个世纪，然而，几乎突然之间，人类便发现它们已经体现在习俗中了。

这本书主要包括了 1925 年 2 月发表的八篇洛厄尔演讲（Lowell Lectures）。目前出版的形式，就是把这些讲稿稍加扩充，并把其中的一篇拆成第七章和第八章而成。但是，为了使本书的思想更为完整，那次讲座所无法容纳的一些内容这次也增添了进来。新增添的内容中，第二章"思想史中的'数学'要素"是我在罗德岛州普罗维登斯市的布朗大学的数学学会上所发表的演讲。第十二章"宗教与科学"是我在菲利普·布鲁克斯大厅发表的一篇演讲，它也将刊登于今年（1925）八月号的《大西洋月刊》上。第十章"抽象"与第十一章"上帝"则是首次出现的新材料。但是本书代表一整套思想，其内容曾经怎样利用则是次要的问题。

本书参考了劳埃德·摩根（Lloyd Morgan）的《突发进化

论》(*Emergent Evolution*)和亚历山大(Alexander)的《空间、时间与神性》(*Space，Time and Deity*),但是没有机会详细注明。读者不难发现这些书对我极具启发意义。我尤其要感激亚历山大那本伟大的著作。由于本书涉及范围较广,所以各种信息或者观念的来源都无法详细注明。本书是我多年来阅读和思考的成果,原先并未预料到要出版。因此,对于我而言,即便值得这样做,现在想要详细注明资料的出处也不可能了。但是事实没有这方面的需要,好在它们都是简单而众所周知的。在哲学方面,关于认识论的探讨完全被排除在外。讨论此话题而不打破本书的整体均衡是不可能的。本书的主要观点是流行的哲学具有压倒一切的重要性。

我尤其要感谢我的同事拉斐尔·迪莫斯(Raphael Demos)先生帮我校对,并在文字表述上提出了许多宝贵的建议,特此致谢!

怀特海

哈佛大学

1925 年 6 月 29 日

目　录

第一章 近代科学的起源

文明的进程并不完全是一股迈向更美好事物的统一潮流。如果我们将其用足够大的刻度描绘出来,它也许具有上述外观。但这种广泛的观点模糊了许多我们赖以全面理解这一进程的细节。如果放眼成千上万年的人类历史长河,我们就会发现新时代的出现往往具有相当的突然性:籍籍无名的民族忽然在事件的主流中出现;技术的发现改变了人类生活的机理;原始艺术迅速盛开,以充分满足某些审美热情;伟大的宗教在它草创时期就在各国和各民族之间传播着天堂的平静和上帝之剑。

16 世纪见证了西方基督教的分裂和现代科学的兴起。这是一个动乱的时期,尽管许多新领域和新观念都呈现出来了,然而却没有一样真正确定下来。在科学方面,哥白尼(Copernicus)和维萨里(Vesalius)是代表人物,他们象征着新的宇宙观和科学对直接观察的强调。乔达诺·布鲁诺(Giordano Bruno)则是一个殉道者,尽管他的受难并不是由于科学,而是由于自由意象推论。1600 年布鲁诺的死迎来了严格意义上现代科学的第一个世纪。但是，因为后来的科学思想并不信任他的那种一般推论，所以他受刑的象征意义并不为人所察觉。宗教改革尽管十分重要，但也只能被认为是欧洲民族间的内部事务，甚至连东方的基督教也以一种毫不关心的态度来看待它。而且，这种分裂在基督教和其他宗教的历史上也不是新鲜事物。当我们将这次伟大革命放置于教会的整个历史之中时，我们并不能认为它为人类生活确立了什么新的准则。不论好坏，它只是一次伟大的宗教转型，并不是新宗教的出现。宗教改革本身也这样认为，改革者们认为他们只是恢复了那些被人遗忘的东西而已。

现代科学的兴起却与此截然不同，在各个方面它都与当时的宗教运动形成鲜明对比。宗教改革是一场人民起义，曾在一个半世纪里将欧洲置于血泊之中，而科学运动刚开始时只局限在一小部分知识精英当中。在目睹了三十年战争和记忆犹新的荷兰阿尔瓦（Alva）事件①那段岁月里，科学家所遭遇的最坏情况便是：伽利略（Galileo）在平静地死于病榻之前，曾受到体面的拘禁与轻微的申斥。有史以来，人类所遭遇的最为深入的变革就以这种平静的方式开始了，而伽利略的受迫害方式是这个变革的开幕献礼。自从一个婴儿降生在马厩里以来②，还很难找出有这么大的一次变革是以这么小的事情开始的。

这一系列演讲的主题是要说明科学的平静发展实际上已经

①　指西班牙的阿尔瓦公爵在镇压尼德兰反抗运动时曾经大屠杀。——译注
②　指耶稣降生。

极大地改变了我们的思想面貌，因此，以往那些例外的思维方式如今在知识界广泛传播开来。这种新的思考方式在欧洲已经缓慢蔓延了很多年，最终得以在科学的快速发展中迸发，从而也通过这种最显著的体现而强化了自身。这种新的思想面貌甚至比新的科学和新的技术都更为重要，它将我们心中形而上学的前提和意象内容全都改变了，因此，旧刺激能激发出新的回应。也许我关于新的思想面貌的比喻过甚其词了，我所要说的意思是"差之毫厘，谬以千里"。关于这一点，令人尊敬的天才威廉·詹姆斯（William James）在一封已经公开的信中有一句话很是贴切。当他完成伟大的著作《心理学原理》（*Principles of Psychology*）之后，他写了封信给他的兄弟亨利·詹姆斯（Henry James），在信中他写道："我必须面对不能化约而又铁一般的事实，来锤炼我的每一个句子。"

现代思维的新面貌就是对一般原则与这种不能化约而又铁一般的事实之间的关系发生了强烈的兴趣。任何时候的任何地方都有一群注重实际的人致力于"不能化约而又铁一般的事实"，任何时候的任何地方也都有一群具有哲学气质的人热衷于构想普遍原则。正是对于详细事实的强烈兴趣和对于抽象概括的孜孜以求这两者结合构成了我们当下社会的新景象。此前，这种现象已零星出现，似乎完全是出于偶然，现如今，这种思想上的平衡兼顾已然成为有素养的思想所必须接受的传统的一部分，这是使生活保持甜蜜的盐，大学的主要任务就是要将这种传统作为一个普世的遗产一代一代传承下去。

十六七世纪使得科学得以在众多欧洲潮流中出类拔萃的另

一个特质就是它的普及性。现代科学诞生于欧洲，但是整个世界才是它的家。近两个世纪，西方模式曾持续而纷乱地影响了亚洲文明。东方的智者过去和现在都一直在困扰，不知道哪种调节生命的秘密可以从西方传到东方，而不至于胡乱破坏他们如此珍视的自己的遗产。越来越明显的是，西方能立即给予东方的便是它的科学和科学观点。只要是一个理性社会，这类东西都能从一个国家传播到另外一个国家，从一个民族传播到另外一个民族。

在这几次讲座中，我将不会讨论科学发现的细节。我的主题是现代社会某种思想的繁荣过程，它的普遍化以及它对其他精神力量的影响。阅读历史有两种方式：顺推和回溯。在思想史中这两种方法都不可偏废。一位 17 世纪的作家说得好：要理解一种思潮，就要考虑它的前因后果。因此，我在这次讲座中将会考虑近代我们观察自然界方法中的某些前因。

首先，如果没有一个普遍的本能信念，相信事物中存在秩序（Order of Things），尤其是自然界中存在秩序（Order of Nature），那么现代科学就不可能存在。我用"本能"这个词是经过了深思熟虑的。不管人们说什么，只要他们的行为被固定的本能所约束，那么就是没有关系的。言语也许最终会损害本能，但是直到这一切发生之前，言语都不会发挥作用。这一点对于科学思想史来说非常重要。因为我们发现自休谟（Hume）时代以来，流行的科学哲学一直在否定科学的合理性。这个结论的得出是建立在休谟哲学的表面理论基础上的。我们可以以休谟的《人类理智研究》（*Inquiry Concerning Human Under-*

standing）第四章的一段话为例进行说明：

> 总之，每个结果都是与它的原因不同的事件。因此，结果是不能从原因中发现出来的，我们对于结果的先验的构想或概念必定是完全任意的。

假如原因本身不能提供任何信息给结果，以至于概念的产生是完全任意的，那么我们马上可以得出结论说，科学是不可能存在的，除非科学的意义就在于建立完全任意的联系，而这种联系是得不到原因或结果固有本质保证的。休谟哲学的某些变体已经在科学家中广为流传，但是，科学信念适时兴起，并不声不响地移走了哲学所造成的这座高山。

鉴于科学思想中这种奇怪的冲突，当看到一个信念与自成体系的理性格格不入的时候，我们首先必须考虑这个信念的前因是什么。因此，我们必须回溯本能信念的兴起，而这些本能信念相信在每个具体事件①中皆存在自然秩序。

当然，我们都具有这种信念，因而我们相信产生这种信念的原因是由于我们理解了其中的真理。可是一个普遍观念的形成——比如自然秩序的理念——以及对其重要意义的理解和不同情形下的观察，却绝不是该理念的真理所产生的必然结果。熟悉的事情不断发生，人们并不为它们操心，必须要具备不同寻常的心智才能对非常熟悉的事情进行分析。因此，我希望能

---

① 参照剑桥 2011 年英文版，原文中的 every detained occurrence 应为 every detailed occurrence。——译注

谈谈这种分析经过了哪些阶段才逐渐明晰起来，以及最后又如何无可选择地深入到西欧知识分子的心中。

显然，生活主要场景的重现是极为常见的事，以至于最没理智的人都不可能不注意到，甚至在理性出现之前，它们就对动物的本能发生作用了。大体上说，某些一般性的自然状态是重复出现的，而且我们的本性也适应了这种重复，这点是无须讨论的。

但与此互补的一个事实同样真实而明显：没有任何事物会把具体细节都一一重复展现出来。任何两天或两个冬天都不会完全相同。逝去的，就永远逝去了。因此，人类的实践哲学一直在预见大体上的重复事件，而将具体细节视为从高深莫测的地方发出的、超越了理性范围的事物。人们预测着旭日东升，而风却任意地刮着。

当然，从希腊古典文明以来，一直有一群人，包括许多派都不接受这种终极的非理性的观点。这些人都力图将所有现象解释为事务秩序产出的结果，而这些事务无所不包。诸如亚里士多德（Aristotle）、阿基米德（Archimedes）和罗吉尔·培根（Roger Bacon）等天才人物一定都具有完全的科学思想，他们本能地认为，所有大大小小的事情都是支配自然秩序的普遍原则的体现。

但是直到中世纪行将结束，一般的知识分子在这种观念中还没有体会到那种确切的说服力和对于细节的兴趣，因此不能不断鼓励有相当能力和充分时间的人来共同研究和发现这些假设的原则。人们或许怀疑这些原则的存在，或许怀疑是否能找到这些原则，或许没有兴趣思考这些问题，又或许在找到之后无视它们的实际意义。不管出于何种原因，从一个高度文明的大好时期及其所经历的漫长时间来看，研究是毫无力度的。为什么十六七世纪时，这种步伐突然加快了呢？中世纪结束之前，一种新的思潮出现了。发明刺激了思想，思想又加速了对自然界的思索，希腊的手稿也展示了古代祖先的发现。虽然直到 1500 年，欧洲人所知的还不如公元前 212 年去世的阿基米德那么多。但是到了 1700 年，牛顿（Newton）的巨著《自然哲学的数学原理》（*Principia*）业已完成，整个世界就迈入了近代的新纪元了。

在一些伟大的文明中，科学所需要的独特的心理均衡只是偶尔出现，产生的效果也微乎其微。譬如，我们对中国的艺术、文学和人生哲学知道得越多，就越会钦佩这个文明所企及的高度。千百年来，中国不断出现聪敏好学之士，毕生致力于学习研究。考虑到时间的跨度和影响的受众面，中国创造了世界上迄今为止最伟大的文明。对中国个人而言，怀疑他们追求科学的禀赋是毫无依据的，然而实际上，中国的科学又是可以忽略不计的。如果任由中国自行发展，我们没有理由相信中国会在科学研究上取得任何进步，印度也是这样。还有，如果波斯奴役了希腊，我们就没有足够的理由相信科学会在欧洲繁荣起来。罗马人在这方面并没有表现出特别的创造性。即便确实是这样，希腊人曾经掀起了这场运动，但他们却没有用现代欧洲所展现出来的那股热情来支持它。我并不是暗指大西洋两岸最近的几代欧洲人，而是指宗教改革时期小部分的欧洲，当时它们沉浸在战争和宗教纷争之中。再来看看地中海东岸，从西西里岛到亚洲西部的这片区域，从阿基米德逝世（公元前212年）到鞑靼人入侵这前后1400年的时间里，那里曾多次发生战争、革命和宗教的大变革，但是情况都不会比十六七世纪整个欧洲的战争情况更糟。那里也有一个伟大而繁荣的文明，共存着异教徒、基督徒和伊斯兰教徒。在那个时期，科学上也取得了不少成就。但总体来看，进展是缓慢而曲折的，除开数学以外的其他领域，文艺复兴时期的人们还必须从阿基米德已经达到的高度起步。医学和天文学方面也取得了一些进步，但是总体来说这种进步在17世纪取得的巨大成就面前不值一提。比如，我们不妨将伽利略和开普勒（Kepler）出生前的1560年至牛顿鼎盛时的1700年这个时间段里所取得的科学知识的进展，与之前提到的正好十倍于这个时间段的古代进步相比，事情就显而易见了。

然而，希腊终究是欧洲的母体，找寻近代观念的起源就必须看看希腊的情形。我们都知道，地中海东岸曾经有一个十分兴盛的伊奥尼亚（Ionian）学派，他们对有关自然的理论深感兴趣，他们的思想经过天才柏拉图（Plato）和亚里士多德（Aristotle）充实之后一直流传至今。但是，这一学派并没有达到完全的科学思想，只有亚里士多德是个极大的例外，从某些方面讲，这样更好。希腊天才是富有哲学性的，他们思维清晰而逻辑性强。这一学派的人物主要提出哲学问题，例如，自然的根基是什么？是火吗？是土？是水？还是其中两种或三种物质的组合？抑或它只是流体，不能化约成一些静态的物质。他们对数学也非常感兴趣。通过严格遵照演绎推理的方式，他们创立了数学的一般原理，分析了它的前提条件，并在定理方面得出了重要的发现。他们的头脑里充满了对于一般原理的渴望，他们要求清晰的、大胆的观念，并且从这些观念出发进行严格的论证。所有的这些都十分高明而富于天才，是一个理想的准备工作，但并不是我们所理解的科学。那时仔细观察的耐心还没有如此突出。他们的天赋并不适应于充满想象力的混乱的悬疑状态，而这种状态往往出现在成功的归纳概括之前。他们是头脑清楚的思想家和大胆的推理家。

当然也有意外，这其中最具代表的人物就是亚里士多德和阿基米德。同时许多天文学家也进行了耐心的观察，对待恒星，他们在数学上已经做到确定和明晰，而对待小的可数的失控行星带则十分着迷。

每一种哲学都微染了色彩化的一些隐秘的虚构的背景，这些背景在该哲学的推论过程中从不明白地显现出来。希腊人的自然观，至少就他们流传至后世的宇宙观来看，本质上是戏剧性的。这并不是说他们的观点由此就错了，而只是说，他们的观点太富有戏剧性了。他们认为自然的结构方式就像一出戏剧，完全为了体现普遍观念，再归结到一个目的。自然被分化了，以至于能为每一样东西都安排一个适当的目的。宇宙有一个中心，是重物体运动的目的。还有一个天球，是本性上浮的物体运动的目的。天球是无知觉不可生成的物体，下界是有知觉可以生成的物体。自然是一出戏剧，每一个物体都在其中扮演自己的角色。

我并不是说，亚里士多德可以不做重大的保留就会同意这一观点。事实上，他所要保留的意见也是我们所要保留的。但是希腊后期的思想从亚里士多德的学说中抽出来流传至中世纪的，却正是这一观点。这种关于自然的想象之结构抑制了历史精神。因为既然只有目的是富有启发性的，那么为何还要纠结于本源呢？宗教改革和科学运动是历史性革命的两个方面，这个历史性革命形成了文艺复兴后期的主要思潮，这一思潮的两面是回溯基督教的起源，以及弗朗西斯·培根（Francis Bacon）主张动力因（efficient causes）而反对目的因（final causes）。伽利略也是因为这个原因与他的对手陷入无法摆脱的矛盾之中，这一点从他的《关于两种世界体系的对话》（*Dialogues on the Two Systems of the World*）中可以看出。

伽利略一直在谈及事物是如何发生的，而他的对手则有一套完整的理论论述事物为什么会发生。不幸的是，这两种理论并不会得出相同的结论。伽利略一直坚持"不能化约而又铁一般的事实"，而他的对手，辛普利修斯（Simplicius）则提出了另一套至少在他本人看起来令人满意的原因解释。我们若把这次历史性革命看作诉诸理性的那就大错特错了，正相反，这是一次彻彻底底的反理性运动，是退回到沉思无理性事实的运动，其建立在中世纪思想中的僵硬理性的回光返照之上。我的这个说法只是概括了旧体制追随者他们自己的主张。比如，在保罗·萨皮（Paul Sarpi①）神父的《特伦托宗教会议史》（*History*

---

① 应为 Paolo Sarpi(1552—1623)。——译注

of the Council of Trent）第四部中，我们可以看到，1551 年主持宗教会议的教皇特使曾下令：

> 一切神职人员的观点必须符合圣经、使徒传统、神圣而正式被批准的宗教会议，遵从教会法典和教皇的权威。大家必须简洁明了，避免虚浮而无意义的问题和乖张的争论……

这道命令使意大利的神职人员颇感不快，他们说这是标新立异，故意谴责经院神学。经院神学在各种困难下都是理性的。并且，（根据这条法令），连圣托马斯·阿奎纳（Thomas Aquinas）、圣波拿文都拉（Bonaventure）等名人的行为也都违法了。

意大利的神职人员坚持已经过时的无限制的理性主义，实在无法不让人深表同情。他们被所有人抛弃了，新教徒完全反对他们，教廷不支持他们，宗教会议上的主教甚至不能理解他们。在上述引文的后面有这样一段话：

尽管很多人（对这个法令）颇有微词，但它依旧十分普及。因为总体上讲，神父（主教）都希望能听到别人说出易懂的话，而不是像在"称义"①（Justification）和讨论其他已经讨论过的主题时一样，听到深奥晦涩的语句。

可怜的中世纪主义者来得太迟了，当他们运用理性的时

---

① 在基督教神学中，指个人脱离罪恶而进入恩典的过程。——译注

候，他们甚至不能被那个时代的统治者所理解，需要花费数个世纪才能用理性将铁一般的事实化约掉，同时，钟摆也缓慢而沉重地摆到了历史方法的那一极端去了。

在这些意大利神职人员写下上述史籍后四十三年，理查德·胡克（Richard Hooker）在他著名的《宗教政治的法律》（*Laws of Ecclesiastical Polity*）一书中对他的清教徒对手提出了同样的抱怨。胡克的均衡思想——称呼"公平的胡克"即来源于此——和承载了其思想的冗赘的文体，使得他的作品极不适合简明扼要地进行总结。然而在上述提到的章节中，他曾用到"他们对理性的蔑视"（"Their Disparagement of Reason"）指责他的对手，同时还明确地提及"最伟大的经院哲学家"来支撑他的立场，从称号来看，我猜想他指的就是圣托马斯·阿奎纳。

胡克的《宗教政治的法律》一书先于萨皮的《特伦托宗教会议史》出版，因此，两本著作是独立完成的。但是，1551 年的意大利神职人员和 16 世纪末的胡克都证明了那个时代反理性主义的思潮，在这一方面，这些人将自己的时代与经院哲学的时代对立了起来。

这一反作用对于中世纪毫无限制的理性主义而言，无疑是一次非常必要的修正。但是反作用都是走极端的，因此，虽然这一反作用的效果之一便是近代科学的诞生，但是我们也要记住，科学也因而继承了这一源流的偏执思想。

希腊戏剧化的作品在许多方面通过各种形式对中世纪思想产生了间接影响。今日所存之科学思想的鼻祖是古雅典伟大的悲剧家埃斯库罗斯（Aeschylus）、索福克勒斯（Sophocles）和欧里庇得斯(Euripides)等人。他们认为命运是无情和冷漠的，驱使着悲剧性事件不可避免地发生，而这正是科学所持的观点。希腊悲剧中的命运变成了近代思想中的自然秩序。作为命运作用方式的实例和证明，对于特殊英雄事件的浓厚兴趣，在我们这个时代作为对关键性实验的专注兴趣而重新出现了。有一次我很幸运地参加了在伦敦召开的英国皇家学会会议，会中听到英国皇家天文学家宣布：著名的日食相片底片已经由他在格林尼治天文台的同事测量了出来，结果验证了爱因斯坦(Einstein)关于光线经过太阳附近时会发生弯曲的预言。当时那种既紧张又让人兴致盎然的氛围完全就是希腊戏剧的气氛，我们都在异口同声地评论着一个伟大事件在其发展过程中所展现出来的命运的律令。当时的场景戏剧性十足：传统的仪式和背景上牛顿的画像都在提醒我们，伟大的科学理论在经过了两个世纪之后，在今天终于得到了第一次修正。个人兴致也很浓烈，因为一次思想上的大冒险最终安全到达彼岸。

　　在这里我想提醒你，悲剧的本质并非不幸，它驻留在事物无情运转的严肃性上。只是命运的这种不可避免性只有通过人生中真实的不幸遭遇才能得到阐明。因为只有通过这样，才能在剧情中显示出逃避是无用的。这种无情的必然性处处弥漫着科学思想。物理定律即是命运的律令。

　　希腊戏剧中道德秩序(moral order)的概念绝不是剧作家的发现。它一定是那个时代一般严肃的观点传入文学传统中所产生的结果。但是在找到这一强有力的表现形式之后，它又因此得以加深其本来所发源的思潮。于是道德秩序的景象深深印在古典文明的思潮之中。

当伟大的社会崩溃之后，欧洲便进入了中世纪。希腊文学的直接影响也消逝了。但是，道德秩序和自然秩序的概念却受到斯多葛（Stoics）哲学的尊敬。比如，莱基（Lecky）在他的《欧洲道德史》（*History of European Morals*）中告诉我们：“塞尼卡（Seneca）认为神通过一条无情的命运法则决定所有事物，对于命运法则，他有决定权，但他自己也必须服从。”然而斯多葛哲学影响中世纪思想最深的还是从罗马法中产生出来散布各地的秩序观念。我们再引用莱基的一段话来说明：“罗马的立法从两个方面讲都是哲学的产儿。首先，它根据哲学的模式而制定，因为它并不仅仅是一个适应现存社会实际需要的经验系统。它确立了许多关于权利的抽象原则，并力求符合这些原则。其次，这些原则又都是直接从斯多葛学派借鉴而来。尽管罗马帝国瓦解之后，欧洲的广大区域实际上都处于无政府状态，但法律秩序的感知依然存在于帝国人民的民族记忆之中。西方教会的存在则是帝国统治传统的活生生体现。”

值得注意的是，中世纪文明上这种法律的烙印并不是几句应该渗透行为之中的明智箴言，而是一个明确清晰的系统观点。这个系统界定了社会有机体的详细结构与周密运行方式的法律义务。这里没有任何含糊不清的东西，它不是一些绝妙的格言，而是将事物放置在正确位置上并保持在那的确定程序。中世纪在秩序感方面在西欧的知识界进行了很长时间的训练，当然在实践方面可能还有所欠缺，但是这种观念在任何时候都没有失去它的吸引力。这显然是一个有秩序的思想的时期，彻彻底底理性主义者的时期。正是无政府状态加速形成了一个连贯系统的观念，正如现代欧洲的无政府状态刺激了"国际联盟"（League of Nations）①这一明智观念的产生一样。

但是对于科学而言，除开事物秩序的观念之外，还需要一些别的东西。我们只需用一句话就能指出，经院逻辑和经院神学长期统治的结果如何将清楚精确的思想习惯深深植入欧洲人的心中。即便在经院哲学被否定了以后，这种习惯依然一直流传了下来。这就是寻求精确的论点，并在找到之后始终坚持不变的可贵习惯。伽利略从亚里士多德那里收获的不仅仅是他那本《关于两种世界体系的对话》表面上所展现出来的，他那清晰的思想和善于分析的头脑都是从亚里士多德那里学来的。

然而，我认为我依然没有说出中世纪思想对于科学运动的形成所做出的最大贡献。我指的是那些坚定不移的信念，就是认为每一个细微的事件都能以一种完全确定的方式和它的前提联系在一起，联系方式也体现了普遍原则。没有这个信念，科学家们难以置信的工作将会没有希望。这个出自本能的信念，生动地存在于推动各种研究的想象力之前，即秘密是存在的，秘密也是可以被揭穿的。这一信念又是如何生动地植入欧洲人的心中的呢？

当我们将欧洲思想的状态与其他自成体系的文明的倾向进行比较，就可以看出它的唯一来源，即中世纪对神的理性之坚决主张。神的理性被视为兼具耶和华的个人能量与希腊哲学家

---

① 第一次世界大战结束时由协约国建立的国际合作组织。最终没能阻止法西斯的侵略行为。——译注

的理性。每一个细节都受到监督并被置于一种秩序之中：对自然的研究只能证实对理性的信念。请记住，我不是在说少数个体明确表达的信念，我所指的是从数百年未受质疑的信念中产生出来的烙印在欧洲人头脑中的深刻印象。我的意思是说，这信念是一种本能的思想格调，而不仅仅是信条的文字。

在亚洲，关于神的观念要么太武断，要么太远离人性，因此不会对思维的本能习惯产生多大的影响。他们认为，任何确定的事物可能都来自于一个非理性的专制神明发出的命令，或者从一些远离人性的、不可思议的事物根源中产生。他们对这种观念与那些认为神明具有像人一样可理解的理性的观念相比，信心上显然是不足的。我并不是说欧洲人相信自然的理性这一点已经合乎逻辑的证明，或者说甚至在它们自己的宗教体系中就得到了证明。我唯一的关注点是要理解这问题是怎么产生的。我给出的解释是在近代科学理论发展出来之前，人们对于科学就可能成立的信念，是不知不觉从中世纪理论中衍生出来的。

但是科学不仅仅是本能信念的产物，它还需要对生活中的简单事物本身抱有积极的兴趣。

"为事物本身"（for their own sake）这一点是很重要的。中世纪的第一个阶段是象征主义时期，那是一个观点百花齐放的时代，也是技术原始的时代。当时和自然打交道的事情很少，除了从自然中挣得一份艰苦的生活，但那时有许多的思想领地亟待开发，包括哲学领地和神学领地。原始艺术能够将那些填充到有思想头脑中的观念符号化。中世纪初期的艺术具有一种无与伦比的吸引力：它的使命超越了艺术本身为达成美学目的而存在的范围，成了藏在自然界内部事物的象征，如此更增强了它的内在品质。在这个象征主义时期，中世纪艺术以自然为媒介活跃起来，但却指向另一个世界。

中世纪早期的环境和科学思想所需要的气氛是全然不同的，为了理解两者之间这种显著的对比，我们可以将意大利 6 世纪的情况和其 16 世纪的情况比较一下。在这两个世纪中，意大利的天才们一直都在为一个新的时代奠定一个良好的基础。6 世纪之前的三个世纪，尽管基督教的兴起带来了未来的希望，但这段时间历史的主基调仍然是文明的衰落。每一代都丧失一些东西。当我们阅读当时的史籍时，野蛮时代即将来临的阴影萦绕心头而挥之不去。当时也有一些在思想或行为方面很杰出的伟大人物，但总的来说，他们仅仅能在很短的时间里暂时抑制普遍衰落的趋势。6 世纪，意大利落到了最低谷。但那一个世纪里的每一个行动都在为新欧洲文明的强势崛起奠定基础。查士丁尼（Justinian）统治下的拜占庭帝国（Byzantine Empire），在三方面决定了西欧中世纪早期的特征。首先，它的军队在贝利萨留斯（Belisarius）和纳尔塞斯（Narses）的指挥下，将意大利从哥特人（Gothic）的统治下解放了出来。这样一来，古代意大利的天才们可以创立一些组织，用以日后保护文化活动的思想。我们不可能不同情哥特人，然而毫无疑问的是，对于欧洲而言，罗马教廷统治一千年的意义，却远比我们从意大利体制完备的哥特王国中所获取的益处要大得多。

其次，罗马法典的制定树立了法治的观念，这种观念在接下来的几个世纪里支配了欧洲的社会思想。法律既是政府的工具，也是约束政府的条件。多亏了查士丁尼时代法学家的贡献，教会法和国家的民法对欧洲的发展影响深远。他们在欧洲人头脑中树立了这样一种观念：当权者应当是守法的，他们也是执法者，本身应当展现出一种根据理性进行调节的组织系统。6 世纪的意大利首先展示了这些观念是如何在与拜占庭帝国的接触中形成的。

最后，在艺术和学术这些非政治领域，君士坦丁堡（Constantinople）也为已经实现的成就树立了一个标杆，从而为西欧文化的发展提供持续的动力。这一方面是有直接模仿这个标杆的动力，另一方面是仅仅知道有这样一种东西存在而间接受到的启发。拜占庭在中世纪初期思想中所起的作用和埃及在希腊早期思想中所起的的作用类似。这两种情形中的实际知识可能对于接受者而言刚刚好，他们所知道的正好够他们了解一种可达到的标准，而又不至于多到被古板和传统的思维方式所束缚。因此，在两种情形下，人们都能按照自己的意愿前进，而且做得更好。谈到欧洲科学思想的兴起，任何人都不能否认背后拜占庭文明的影响。6 世纪，拜占庭与西方的关系之间曾有过一场危机，这场危机可以与十五六世纪希腊文学对欧洲思想的影响形成对比。16 世纪，意大利出现了两位为未来奠定基础的杰出人物，他们就是圣·本尼迪克特（St. Benedict）和大格里高利（Gregory the Great）。提到他们，我们能马上看到希腊曾经出现的科学思想是如何完全陷入衰败的。那时科学的温度是零摄氏度。但是格里高利和本尼迪克特的毕生工作为欧洲的重建做出了贡献，它保证了重建一个比古代更为卓越有效的科学思想体系。希腊人过于偏重理论了，对他们而言，科学只是哲学的分支。格里高利和本尼迪克特都是重实际的人，他们看中平凡事物的非凡意义，他们将这种重实际的气质和他们的宗教和文化活动相结合。尤其是因为有圣·本尼迪克特，修道院成为了实用农学家、圣徒、艺术家和学者的家园。多亏了早期本尼迪克特会的修士都具有实际主义倾向，科学和技术才能结合起来，学术也才与不能化约而又铁一般的事实建立了联系。现代科学源于罗马也源于希腊。罗马的气质诠释了它在思想上动力的收获，这些思想都与实际世界保持紧密联系。

但是修道院与自然界实际的联系之影响，首先在艺术领域表现出来。中世纪后期自然主义的兴起，使得科学兴起所必需的最后一种成分也深入到欧洲人的心中，那就是对自然界中的物体与显相本身发生兴趣。某一地区天然植物被雕刻在偏僻地点的后期建筑物上，其目的只在表示以这些熟悉的物体为乐。各种艺术所造成的整体氛围展现出一种对理解周边事物的直接快乐。中世纪晚期装饰雕刻的艺匠，以及乔托（Giotto）、乔叟（Chaucer）、华兹华斯（Wordsworth）、沃尔特·惠特曼（Walt Whitman）与当下新英格兰诗人罗伯特·弗罗斯特（Robert Frost）在这方面都很相近。简单直接的事实一方面是引人关注的主题，另一方面作为"不能化约而又铁一般的事实"出现在科学思想中。

那时欧洲人的心理正在准备一次思想上的新冒险。科学兴起过程中的许多偶然事件是无须细谈的。比如财富和休闲时间的增长，大学的扩张，印刷术的发明，君士坦丁堡的沦陷，哥白尼，瓦斯科·达·伽马（Vasco da Gama），哥伦布（Columbus），望远镜等。土壤、气候和种子依旧那样，森林也照常生长。在后来的文艺复兴这次历史性的革命中，科学也从未将自己身上源流的印记去掉。这一印记主要成了一个建立在天真信念基础上的反理性运动。科学所缺少的推理能力从希腊理性主义尚存的遗迹——数学那里借来了，其根据为演绎法。科学否定了哲学，换句话说，科学从不在意去证实自己的信念或者去解释自身的意义，对于休谟的驳斥也是淡淡的漠不关心。

当然，这场历史性的革命是完全有正当理由的。当时需要这场革命，不仅仅是需要，而且是正常发展过程中所必不可少的。世界需要对"不能化约而又铁一般的事实"做数世纪的观察。一个人同时做几件事情是艰辛的，但是这件事是在中世纪理性主义狂欢之后人们不得不做的。这是极为明智的反作用，但却不是维护理性的。

那些特意避免走向知识大道的人是会遭受天谴的。奥利弗·克伦威尔（Oliver Cromwell）的呼喊回荡了几个世纪："同胞们，我以上帝的名义请求你们，想想你们可能错了。"

科学的进展目前已经到达了一个转折点。物理学的坚实基础已被打破，生理学也有史以来第一次成为一个有效的知识体，不再是一堆废料。科学思想从前的基础正在变得难以理解。时间、空间、物质、质料、以太、电、机械、机体、形态、结构、模式、功能，都需要重新加以解释。如果你不知道力学是什么而去谈论力学的解释，那又有什么意义呢？

事实是，科学在开启它的现代之旅时继承了亚里士多德派哲学中最薄弱一面的一些观念。从某些方面来说，这是令人愉快的选择。它使得 17 世纪的物理学和化学能完整地公式化，这种完整性一直持续到现在。但是生物学与心理学的进展可能因为它们一些不加批判的对片面事实的假定而受到阻碍。如果科学不愿退化成一堆特殊假定组成的大杂烩的话，那么它必须成为哲学式的，必须对自身的基础进行彻底的批判。

在本课程的后续几次讲座中，我会追述最近三个世纪以来，欧洲思想所持的宇宙论中某些特殊观念的成败。一般而言，观念的风潮将持续两三代，那就是说，能持续 60～100 年的时间。也有一些持续时间较短的思潮，它们只是依附在主流的表面。因此，我们将发现，欧洲观点的变化缓慢影响了往后的几个世纪。然而，某种固定的科学的宇宙论却一直贯穿始终地存在着，这种宇宙论预先假设了一个终极事实：一种不能化约的、原始的物质确定存在，或者是一种以流体的形态穿梭于空间之中的质料确定存在。这种质料本身是无意识的、无价值的、无目的性的，它是什么就展现什么，根据外在关系加给它的固定规则来行动，而这些关系并不是从自身的本质中产生出来的，我所谓的"科学唯物主义"就是这种假定。同时，我也对这个假定提出挑战，认为它完全不适于目前我们已经达到的科学状况。如果适当加以解释，它并没有错。如果我们将自身局限于某些类型的事实，而从产生事物的全部环境中抽象出来，那么唯物主义的假设就能完美地表述这些事实。但是当我们超出了上述抽象结论的范围时，或者是我们的感官更细致一些，或者是要求理解思维的意义和连贯性，这种理论体系就立即瓦解了。正因为这种理论体系的有效范围很窄，才促成了它在方法论上的极高成就。因为它把注意力导向在当时知识条件下为数不多的几类需要加以研究的事实。

这种理论体系的成功对于许多流行的欧洲思想是不利的。历史性的革命是反理性主义的。因为经院学派的理性主义在接触到原始事实时，要求做大幅度的修正。但是在笛卡尔（Descartes）和他的继承者手中，哲学的复兴由于接受了表面意义上科学的宇宙论，而在其发展中完全蒙上了一层色彩。他们根本观念的成功使得科学家有理由拒绝把这些观念当成理性探讨的结果来加以修正，任何哲学都不得不在某种方式之下全盘接受它们，同时科学的例证也在其他的思想领域产生了影响。因此，这场历史性的革命被夸大了，以至于将哲学在协调方法论的各种抽象结论方面可能起的作用都排除了。思想是抽象的，而对抽象的偏执利用是理智的主要缺陷，这一缺陷在回到具体经验时也没有得到完全的修正。因为毕竟，你只需考虑那些局限在特定范围内的具体经验。有两种方式可以澄清这些观念：一种是通过身体的感官做客观公正的观察，但是观察是有选择性的。因此，我们很难超越一个抽象方式的理论体系，如果这个抽象方式能在很广的范围内获得成功。另一种方式是将稳固建立在我们各种经验基础上的抽象方式的理论体系加以比较。这种比较法所采取的形式可以满足保罗·萨皮所提到的意大利经院派神职人员的要求，他们要求运用理性。理性的信念就是相信事物的终极本质是聚集在一种没有任何武断的和谐之中。

这种信念也认为，我们所找到的事物的基础将不仅是一些武断的神秘物。对自然秩序的信念使得科学得以成长，然而这只是深刻信念中的一个特例。这种信念不能用任何归纳概括来证明，它来源于对事物本质的直接观察，这些事物就是我们自身当前直接经验的显示。这种信念与我们形影不离。体验这种信念就会发现以下几点：我们作为自身而存在，不仅仅是我们自己而已；我们的经验尽管模糊而支离破碎，但却说明了现实最深处；事物的细节必须放在整个事物的系统之中，才能见其本来面目；这个系统包含逻辑理性的和谐和美学境界的和谐；逻辑的和谐在宇宙中仅作为一种不可更改的必然性而存在，美学的和谐则在宇宙中作为一种生动活泼的理想而存在，并把宇宙走向更细腻、更微妙的未来所经历的断裂过程连接起来。

第二章 思想史中的"数学"要素

纯数学科学在它近代发展的过程中，可以说是人类精神最富原创性的产物，此外可以与之一争席位的就是音乐。我们暂时抛开席位之争不谈，来考察一下数学应该占有这个地位的原因何在。数学的原创性，在于其中所展现的事物之间的关系不经过人类理性的作用，便不容易看出来。因此，除了被先前数学知识所激发和引导的知觉之外，当代数学家心中的观念与那些可以直接得自感官知觉的观念相去甚远。这个论题我将继续加以说明。

不妨我们运用想象，回溯到数千年之前，努力去领悟早期社会中的人，甚至是最伟大贤哲的心智是多么简单。对我们而言显而易见的抽象观念，但在他们却只能做大致的理解。以数字为例，我们认为数字 5 可以运用到任何合适的一群实有上去——5 条鱼，5 个小孩，5 个苹果，5 天。因此，在考虑数字 5 和数字 3 的关系时，我们想到的便是两群东西，一群有 5 个，另一群有 3 个。但是我们完全不去考虑组成两群的任何个别实有，甚至是某种特殊类别的实有。我们只考虑两个群体之间的关系，而这完全和两群中任何个体的本质无关。这就是抽象作用中令人印象深刻的功效。人类一定花了很多年才走到这一步。在漫长的岁月中，一群群的鱼将会被互相比出数目多少，一段段日子也会比出时间长短。但是第一个注意到七条鱼和七天之间可以类比的人，使得思想史往前迈进了一大步。他是第一个持有纯数学观念的人。当时，他一定还不可能预知那些有待发现的抽象数学观念的复杂和微妙，也一定猜不到这些观念将在往后世世代代中产生广泛的魅力。学术界有一个错误的传统，认为对数学的喜爱是一种偏执，这种偏执每一代人中只有少数怪人才会有。情况尽管可能如此，但因为在当时的社会里，抽象思维找不到对应物，所以从数学中得到的乐趣也是难以估计的。数学知识对于人类生活、日常爱好、传统思想和社会组织将会发生巨大影响，这一点完全超出了早期思想家的意料之外。即使到现在，人们对于思想史中数学要素真正地位的把握也是摇摆不定的。我不愿说，构建一部思想史而不深入研究每一个时代的数学观念，就像将哈姆雷特（Hamlet）从戏剧《哈姆雷特》中去掉了一般。也许这样说言过其实，但是这样做肯定类似于将奥菲利亚（Ophelia）这个角色删除了，这个比喻是非常恰当的。因为奥菲利亚对于整部戏剧来说是非常重要的，她很迷人，也有一点疯狂。我们不妨认为，对数学的追求是人类精神的神圣疯狂，是对或有事件的刺激紧迫感的一种逃避。

　　一想到数学，我们心里就浮现出一门专门探索数、量、几何的科学。在现代社会，这门科学还包括了更为抽象的次数概念和纯逻辑关系的类似形式。数学的关键在于，在其中我们摆脱了特殊事例，甚至是任何一类特殊的实有。所以，没有数学真理是仅仅运用于鱼、石头和颜色的。只要你处理的是纯数学，你便处于完全和绝对的抽象领域之中。所有所说的不外乎是，理性坚信，任何实有具有满足某纯抽象条件的关系，就必然具有满足另外纯抽象条件的关系。

数学被认为在完全抽象领域活动，超越了任何其所研究的特殊事例。迄今为止数学的视角还不明显，我们可以相信，这一视角还不为普通人所理解。比如说，习惯上认为，数学的确定性就是我们关于物理宇宙空间的几何知识的确定性之原因。这种错觉过去已经误导了很多哲学思想，现如今仍在误导一些哲学思想。几何问题是相当重要的检验案例。对于未指明的实有，有多套纯抽象条件可以成为它们之间的联系，我将这些条件称为"几何条件"（geometrical conditions）。我之所以给它们这个称呼，是因为它们大体上与那些条件类似。那些条件我们确信能够掌握，是关于事物之间的特殊几何关系的，而这些特殊几何关系通过我们对自然界的直接感知可以观察到。就我们的观察而言，我们还不能精准地知道，控制我们在自然界中遇到事物的条件究竟是什么。但是把假设稍作延伸，我们就能使这些被观察到的条件符合某一套纯粹抽象几何条件。如此一来，我们就对未确定事实做出某种特殊的限定，这些未确定实有是抽象科学中的关系体（relata）。在探讨几何关系的纯数学中，如果任何一组实有在本群各单位之间所具有的任何关系，能够满足"这一套"抽象几何条件，则某附加抽象条件也一定能符合这种关系。但当我们探讨物理空间时，某一群明确被观察到的物理实有在本群各个实有之间具有某些明确被观察到的关系，这些关系满足上述那套抽象几何条件。因此，我们得出结论说附加关系被认为符合任何这种实例，也一定符合这个特殊实例。

数学的确定性依赖于它完全抽象的普遍性。我们相信在实际宇宙中被观察到的实有能形成我们普遍推理过程中的一个特例，但是我们没有先天的确定性认为我们是对的。再举一个算术的例子，纯数学中一个普遍的抽象真理是，任何包含 40 个实有的一组可以被划分为包含 20 个实有的两组。我们因此有根据断定，一堆包含 40 个个体的苹果，可以被分成两堆都包含 20 个个体的苹果。然而，我们将 40 个苹果数错可能是常有的事，所以在实际分苹果的时候，也许就会发现其中一堆多一个而另一堆少一个的情形。

因此，当我们批评一个其基础是数学应用于特殊事例上的主张时，我们必须清楚地记得三个过程。首先，我们必须首先仔细检查纯数学的推理以确保没有漏洞，没有因疏忽而产生偶然的不合逻辑之处。任何的数学家都曾从惨痛的经历中得知，在开始详细进行一系列推理过程时，非常容易犯下一些小失误，导致结果完全不同。但是当一种数学已经经过修正，并且由专家们考验了一段时间，那么它发生偶然错误的可能性就可忽略不计了。其次，第二段过程是确保预先假定的所有抽象条件都成立，这就是将数学推理开始的抽象前提确认一下，这是一个有着相当大难度的事件。过去曾经发生过很明显的疏忽，而且已经被历代最伟大的数学家所接受了。这其中最主要的危险是疏忽，即不知不觉中引入一些对我们而言非常自然的预先假定的条件，而事实上这些条件不一定总成立。另外在这个联系中也有一种与之相对的疏忽，这个疏忽倒不会导致错误，但是其弊端在于缺乏简化。就是必要的假设条件很容易被估计得超出实际需求。换而言之，我们可能认为一些抽象假设是必需的，然而事实上，这些假设能够从其他我们已经掌握的假设中得到证明。过多假设的唯一效果就是减少了在数学推理过程中的审美乐趣，并且将会给第三个评论过程带来麻烦。

最后，第三个评论过程是验证我们的抽象假设在当前的特殊个案中是否可以成立。所有的麻烦都产生在对特殊个案进行验证的过程之中。在诸如数 40 个苹果这样简单的例子中，只要稍加留意，我们就可以达到实际的确定性。但是一般来说，对于更为复杂的例子，完全的确定性是不可能达到的。对这个问题进行讨论的文献早已汗牛充栋了，它也是对立的哲学家思想交锋的战场。其中涉及两个不同的问题。其一为我们观察到一些特殊明确的事物，而我们必须确保这些事物之间的关系确实遵从特定精确的抽象条件。这里面犯错的空间就很大。科学精确的观察方法都是为了减少关于直接事实问题的错误结论。但是现在另一个问题就出现了，直接被观察到的事物几乎都是例子。我们想要得出的结论是：在例子中能成立的抽象条件，同样在一切由于某种理由而被视为一类的其他实有中也能成立。这种由例子推至全体的推导过程就是归纳法。归纳法的理论是哲学所不能处理的,然而我们所有的活动又建立在它之上。总之,评论一个特殊事实问题的数学结论时,真正的困难在于找出其中涉及的抽象假设,并对它们适用于手头特殊个案的证据进行评价。

因此,经常可以看到,在评论一部应用数学方面的学术书或者一篇研究报告时,所有的问题都出现在第一章,甚至在第一页,因为就是在这最一开始的地方,作者的假设可能产生了失误。并且,问题不是出在作者说了什么,而在于他没说什么;不在于他明确了的假设,而在于他不知不觉中所做的假设。我们不怀疑作者的诚信,我们评论的是他自作聪明之处。每一代人都批评父辈不知不觉中所做的假设,并且也许会同意这些假设,但是却会将它们从不知不觉中揭示出来。

语言学发展的历史正好说明了这一点。这是一段观念分析不断进展的历史。拉丁文和希腊文都是词尾有变化的语言,这就意味着表达一个未加分析的复杂理念时,它们可以仅仅只变换下单词。然而,以英语为例,我们就须使用介词和助动词去揭示所涉理念全部的意思。尽管不是全部,但是对于特定形式的文学艺术而言,辅助理念被密集吸收进主要的词句中可能是一种优势。不过在表述明确方面,英文取得了压倒性的成果。表述明确性的增强,就是将各种语句含义中的复杂理念所涉及的各种抽象概念更完整地表达出来。

与语言做比较,我们就能看出通过纯数学表现出来的思想功能是什么。这是在进行完全分析的道路上的一次坚决尝试,目的是将事实要素和它们所体现出的纯抽象条件区分开来。

　　如此分析的习惯激发了人类心智功能的每一个行为。首先，它（孤立地来看）强调了以审美的方式直接体察经验内容。这种直接体察意味着对经验究竟是什么的理解，这里经验是就其自身独有的本质而言的，包括直接的实在价值。这是直接经验的问题，依赖于精妙的感觉。其次，是关于特殊实有抽象化的问题，也就是将这些实有与它们被认知时所处的特殊经验事态区别开来，以便理解他们自身。最后，还要进一步理解这些绝对的普遍条件，这些条件被经验中的实有间特殊关系所满足。这些条件之所以具有普遍性，是因为他们单靠本身就能表达出来，而不必涉及发生在特殊经验事态中的特殊关系或者特殊关系体。这些条件在其他不确定的多种事态下也成立，包括其他实有和其他相互关系。因此，这些条件完全是一般化的，因为它们不涉及任何特殊事态，不涉及不同事态下的任何特殊实有（比如绿、蓝、树），也不涉及这些实有之间的关系。

　　然而，数学的普遍性也有限度。这是一个对所有一般性论述都能平等适用的资格限制。任何疏远事态若与直接事态没有关系，因而不能形成直接事态本质的组成要素，那么我们对这种事态只能提出一种论述。关于"直接事态"我指的是把个人判断活动当成一个构成成分的事态。唯一提出的论述是，如果任何事都在关系之外，则人们会对它完全一无所知。这里的"一无所知"，我指的是不知情，因此无论是在"实践"中或其他情形下，关于如何看待它或者如何对待他的难题我都无法给出意见。或者我们通过其本身就是直接事态构成成分的认知，来知晓疏远事态的一些事情，或者我们便一无所知。因此，在各种经验显示下的全部宇宙，其中的每一个细节都与直接事态存在一定的合适的关系。数学的普遍性是最为完整的普遍性，它与组成我们形而上学情形的事态极度相符合。

值得进一步注意的是，为了进入任何事态，特殊实有需具有这些普遍条件。然而，相同的普遍条件可能被许多类型的特殊实有所需求。普遍条件超越了任何一组特殊实有这样一个事实，使"变量"这个概念进入到数学，进入到数学逻辑的根据。由于引入了"变量"这个概念，考察普遍条件时可以不需要任何特殊实有。特殊实有间的不相关性仍然没有被一般人所理解，比如，实际经验中的圆形、球形、菱形等形态的性质并未进入几何推理。

逻辑推理的运用往往和绝对普遍条件相关。在最广泛的意义上，数学的发现就是发现了这些普遍抽象条件的全部情况。这些普遍抽象条件可同时运用于任何具体事态中实有间的关系，而且以一定模式相互联系，其中还有一个开启全局的关键。通过普遍必然性，即每一个事物都正好是其自身，并且其自身独特的方式不同于其他事物，普遍抽象条件之间的关系模式以相同的方式影响着外界现实，影响着我们对外界现实的抽象表述。这就是抽象逻辑的必然性。也就是每一个经验的直接事态所显示的相关关联存在之前提。

开启模式的关键是指这一事实：一套被选定的普遍条件，展示在任何一个或者相同的事态后，一种包含了无限变化的其他相同条件想要展现在同一事态下，则能够以纯运用抽象逻辑来推演。任何被选定的一套条件就被称为一套假设或者一套前提，推理从它们开始。推理就是普遍条件的全部模式的展示，而这些模式从选定假设中推演出来。

那预见了包含在假设中的完整模式之逻辑推理的和谐，是最普遍的美学性质，这种性质源自在一个事态统一体中包含了协同存在这一事实。哪里有事态统一体，哪里就会在事态的普遍条件之间建立美学关系。美学关系是在理性的运用中被发现的。无论什么属于这一关系范围之内都将在该事态中体现出来；无论什么不属于这一关系范围之内都不会在该事态中体现出来。因此，像这样体现出来的普遍条件的完整模式，是被任何一套选出来的条件所决定的。这种关键性的各套假设就是各套相等的假设。"存有"的理性和谐，是复杂事态的统一体所需要的，它和包含在逻辑和谐中的所有完整体现（在那种事态下），是形而上学学说的主要论题。这意味着事物联合起来是有理性的联合起来。也就是说，思想能深入于事实的每个事态，因此，通过理解关键性条件，条件模式的全部复杂情况就被开启了。总之，假如我们了解任一事态中要素的某些完全普遍的性质，就将了解同一事态下必然出现的无数其他同样普遍的概念。一个事态统一体中的逻辑和谐既是排斥的又是包容的，事态必须排斥一些不和谐的东西，而将和谐之物包囊旗下。

毕达哥拉斯（Pythagoras）是掌握了普遍原则之全部意义的第一人。他生活在公元前 6 世纪。我们对他的认识是碎片化的。但是我们了解一些奠定了他在思想史中伟大地位的观点。他坚持推理中终极普遍性的重要性，他发现了数字在帮助任何陈述自然秩序中的条件时的重要意义。我们也知道他研究几何学，并给出了直角三角形中一个著名定理①的普遍证明。毕达哥拉斯兄弟会的建立，与其仪式和影响力有关的许多神秘的传说，都提供了一些证据，说明毕达哥拉斯发现了数学在科学形成中可能具有的重要意义，尽管对此他还十分模糊。在这些方面他开创了一种研讨，直到现在，这种研讨一直使得思想家们很激动。他问道："数学中的实有，比如数字，究竟在事物领域占有什么地位？"例如"2"这个数字，在某种意义上就是处于时间之河流与空间之必然位置之外的，然而，它又在现实世界之中。同样的理由也适用于圆形之类的几何概念。据说毕达哥拉斯曾经教导，数学实有，比如数和形状，是终极元素，我们知觉经验中的真正实有都是由这些元素所构成的。坦率地说，这种观点看起来十分粗糙，也不怎么高明。但毋庸讳言的是，他发现了一个相当重要的哲学概念，这个概念具有悠久的历史，曾经感动过人们的心灵，甚至深入到基督教神学体系中去。《亚他那修信经》（*Athanasian Creed*）②和毕达哥拉斯相距约一千年之久，毕达哥拉斯和黑格尔（Hegel）相距约两千四百年之久。无论时间相隔多久，确定数字在神圣本性构成中的重要作用，以及现实世界的概念是观念发展的体现的说法，都可以回溯到毕达哥拉斯所提出的系列思想中去。

---

① 即勾股定理。——译注

② 《亚他那修信经》与《使徒信经》、《尼西亚信经》、《迦克墩信经》并称为基督信仰四大信经，此信经是第一个阐述三位一体教义的信经。——译注

　　独立思想家的地位有时靠机遇，因为这取决于他的观念在后继者心中的命运如何。在这个方面，毕达哥拉斯是幸运的。他的哲学思想通过柏拉图的智慧传递给我们。柏拉图的理想世界就是毕达哥拉斯学说的精炼和修正。这一学说认为现实世界的基础是数。由于希腊时期是用点的形式来表示数字，所以数字和几何图形的观念没有如我们现在这样区分得这么开。毫无疑问，毕达哥拉斯学说也将形态的性质包括了进去，这样它就是一个不纯的数学实有。因而如今，当爱因斯坦和他的追随者们宣告诸如重力等物理事实都可以被解释为时空性质的局部特性的时候，他们是在追随纯毕达哥拉斯传统。从某种意义上说，柏拉图和毕达哥拉斯比亚里士多德更为靠近现代物理科学。前两位都是数学家，而亚里士多德是医生的儿子，当然他并没有因此而忽视数学。来自毕达哥拉斯的实际忠告是，首先度量，然后用数字决定量的方式来表达质。但是直到现代，生物科学仍主要是属于分类的科学。因此，亚里士多德的"逻辑学"中就强调了分类。在整个中世纪，亚里士多德逻辑学的流行阻碍了物理科学的进展。如果经院学者采用度量而不是分类，那么他们将学习到多少东西啊！

　　分类是直接具体的独有之物和完整抽象的数学观念之间的中途站。种类考虑种的特性，属注意的是属的特性。但是在关联数学观念和自然现实的过程中，通过计数、测量、几何关联和秩序形态，理性的思维就离开了包含在明确的种和属之中的不完全抽象，而进入到了完全的抽象层次。分类是必需的，但是除非你能从分类推进到数学，否则你的推理便不能带你走很远。

　　从毕达哥拉斯到柏拉图那段时期，距离属于近代世界的17世纪，有将近两千年的时间。在这段漫长的间歇中，数学取得了巨大的跨越。几何学在圆锥形截面和三角法的研究中取得了成功。穷举法也几乎预见到了积分学的研究。最重要的是，亚洲思想家提出了阿拉伯数字和代数学。然而，这些进展都是在技术层面。数学，作为哲学发展中的构成要素，在这段漫长的时间里，从来没有从亚里士多德的手中解脱出来。一些从毕达哥拉斯和柏拉图时期传下来的旧观念一直在数学身旁徘徊，这些观念从柏拉图学说对基督教神学初期演进的影响中也能看出来。但是哲学并没有从不断稳步前进的数学科学中收获新的灵感。17世纪，亚里士多德的影响力降到谷底，数学也恢复了往日的重要地位。那是一个伟大的物理学家与伟大的哲学家并存的年代，他们几乎同样也是数学家。只有约翰·洛克（John Locke）是特例，尽管他受到英国皇家学会中牛顿这一学派的极大影响。在伽利略、笛卡尔、斯宾诺莎（Spinoza）、牛顿和莱布尼茨（Leibniz）的时代里，数学在哲学观念的形成中产生了极为重要的影响。但是，如今脱颖而出的数学却与之早期大为不同。它在普遍性上收获了成功，而且开启了几乎令人难以置信的现代事业，将一套套精妙的普及理论建立在另外一套套精妙普及的理论之上。并且，每增加一份复杂性，就越能找到一些新的途径应用于物理科学或者哲学思维。阿拉伯数字符号在处理数字方面为科学提供了近乎完美的技术效能。这从算术细节中挣脱出来（比如，公元前1600年埃及的算术所表现的），使得希腊晚期数学微弱预见的前途得到了发展的空间。代数学现在登上了历史舞台，代数是算术的一般化。正如数字观念超越了任何一套特殊的实有一样，代数也超越了任何特殊数字的观念。正如数字"5"无差别地表示任何 5 个实有的群，代数中的字母也用于无差别地表示任何数字，只需有条件规定，在上下文相同的同一用法中，每一个字母表示同一个数字。

这种用法首先使用在方程式中，方程式是提出复杂算术问题的方法。在这种关系中，代表数字的字母被称为"未知数"。但是方程随机提出了一个新的想法，即一个或者多个普通符号的函数，这些符号就是字母，代表着任何数字。在这种用法中，代数字母称为函数的"自变量"，有时也被称为"变量"。举例来说，如果以某种给定单位测量一个角，并将所得数值以一个代数字母代表，那么三角就被涵盖到这种新的代数中去了。因此，代数发展成普遍的分析科学，在这门科学里，我们考虑不定自变量的各种函数的性质。最后，一些特殊的函数，比如三角函数、对数函数和代数函数都整合为"任何函数"的观念。太广泛的综合将不会带来任何结果。只有用一种恰如其分的特质来限制广泛的综合，才能使得它成为有效概念。例如任何连续函数的观念，都必须引入连续性的极限，才是完满的观念，这种观念已经导致了很多重要的应用。代数分析的兴起正好与笛卡尔发现分析几何，以及牛顿和莱布尼茨发现微积分同时。的确，如果毕达哥拉斯能够预见到他所创制的系列思想的后果，将会觉得他的兄弟会以及里面令人兴奋的神秘仪式是完全有道理的。

　　我想说明的一个观点是：在数学的抽象领域占据优势地位的函数观念，反映在自然秩序中便是以数学表达出来的自然规律。要是没有数学这种进步，17 世纪科学的发展将不可能。数学给科学家观察自然提供了想象思维的背景。伽利略、笛卡尔、惠更斯（Huygens）、牛顿等人都创造了很多的公式。

　　假如要找一个有关数学的抽象发展对当时科学的影响的特例，可以考虑下周期性这个概念。在我们日常的经验中，事物普遍都有明显的重复现象。日复一日、月圆月缺、四季轮回、周而复始、心跳和呼吸循环往复；在每个方面，我们都能碰到重复现象。假如没有重复，知识也不可能产生，因为在这种情况下就没有任何事物能和我们过去的经验发生联系。同时，没有规律性的重复现象，度量也变得不可能。根据我们的经验，当我们获得精确的观念时，重复是其基础。

　　在十六七世纪，周期性理论在科学中处于基础地位。开普勒发现了一条法则，这条法则将行星轨道的长轴与各行星沿着自身轨道运行的周期联系起来；伽利略观察了钟摆的振动周期；牛顿解释了作为"存有"的声音是由疏密相间的周期性波动穿过空气时发生的扰动所形成的；惠更斯认为光是精细的以太的横的振动波形成的；梅赛纳（Mersenne）则将小提琴弦的振动周期与它的密度、张力和长度联系起来。现代物理学的诞生有赖于周期性抽象观念在许多具体事例上的应用，但是除非数学家已经将围绕在周期性概念周围的抽象观念推演出来，否则这是不可能的。三角学兴起于研究直角三角形中两锐角比率间关系。随后，在新发现的数学科学中的函数分析的影响下，扩大为对体现这种比率的纯粹抽象的周期函数的研究。因此，三角学完全成为抽象的了，正因为它变得抽象了，它也变得有用处了。它阐明了完全不同的物理现象中所潜在的类似之处。同时，它还提供了武器，使得任何一套物理现象都能对其自身的各种特性加以分析，然后相互联系起来。①

没有什么比这样一个事实更加让人印象深刻了：当数学朝向更为极端的抽象思维的高端领域上升，它回到现实的时候对具体事实的分析就相应更为重要。17 世纪的历史读起来犹如柏拉图和毕达哥拉斯生动的梦，从这个特征来看，17 世纪仅仅是后继者们的先驱而已。

最高的抽象是控制我们思考具体事实的真正武器。这一矛盾的观点现如今已完全确立起来了。17 世纪数学家盛极一时的后果是，18 世纪是数学思维的世纪，在法国影响力占据优势的地区尤其如此，英国洛克所倡导的经验主义算是一个例外。在法国之外的地区，牛顿对于哲学的直接影响最佳的见证者就是康德（Kant），而不是休谟。

在 19 世纪，数学的普遍影响逐渐式微。文学上的浪漫主义和哲学上的理想主义都不是数学思维的产物。同时，甚至在科学领域中，地质学、动物学和生物科学的发展一般来说也与数学完全无关。这个世纪最为令人兴奋的科学事件就是达尔文的进化论。因此，就这个时代一般的思想而言，数学退居到幕后了。但是这并不意味着数学被忽视了，甚至也不能说它毫无

---

① 关于自然和纯数学函数的更详细的研究，请参看我的著作《数学导论》（*An Introduction to Mathematics*）。

影响力了。19 世纪纯数学取得的进步几乎相当于毕达哥拉斯以来所有成绩的总和。当然进步是容易的，因为技术已经日臻完善。然而即便如此，1800 年至 1900 年这段时间里数学的变法仍然是相当显著的。如果我们再往前推 100 年，将当今之前的 200 年都算上，我们就会忍不住认为数学奠定基础的时间是在 17 世纪的最后 25 年。发现数学要素的时间段从毕达哥拉斯时期到延伸到笛卡尔、牛顿和莱布尼茨时代，发展成熟的科学则是最近 250 年左右出现的。这并不意味着是要夸耀近代世界中的超级天才，因为发现要素比发展科学要困难得多。

整个 19 世纪，数学的影响力作用于动力学和物理学，然后推及至工程学和化学。通过将这些科学作为媒介，数学间接影响了人类生活，而这是难以估量的。但是数学并没有对当时的一般思想产生直接的影响。

通过简要回顾数学在欧洲历史上的影响，我们发现数学曾有两个伟大时段对一般思想产生了直接影响，每个时段都各自持续了大概两百年。第一阶段是从毕达哥拉斯到柏拉图，当时创立数学的可能性和数学的一般特性首次出现在希腊思想家心中。第二阶段包括了现代时期的 17 世纪和 18 世纪。这两个时段具有一些共同的特点：在第一、二阶段中，在与人类利益攸关的许多领域，普遍思想范畴处于瓦解状态。在毕达哥拉斯时期，让人觉察不到的异教信仰凭借它漂亮的仪式和魔术的法式的传统外衣，在两方面的影响下进入到一个新的阶段。一方面，宗教热情的浪潮，寻求对于神秘深处事物的直接启示；另一方面，在相反的另一极，已经觉醒的批判分析思想，以冷静客观的态度探究事物的终极意义。虽然这两种影响的结果迥异，但却都具备一个共同要素：一股被唤醒的好奇心和一场旨在重建传统方式的运动。这种异教徒的神秘效果堪比清教徒和天主教徒的反对作用。批判的科学价值在两个时代都是相似的，尽管在实际重要性方面略有区别。

每一个时段在早期都是充满欣欣的繁荣和新的机遇的。在这个方面，它们与二三世纪基督教征服罗马世界的衰落时代不同。只有在一个幸运的时代里面，一方面能从环境的直接压力中解脱出来，另一方面又具有强烈的好奇心，时代精神才能对那些最终抽象概念进行任意的直接修正。那些最终的抽象观念隐藏在更为具体的概念后面，我们时代的严肃思想都是从这些概念开始发展起来的。这件事只能在极少的时代里完成，从而使得数学与哲学发生了关联。因为数学是人类心智所能达到的最为完整的抽象概念。

这两个时段的相似之处不能被过分强调。近代世界要远比地中海沿岸的古代文明世界，甚至是遣送哥伦布和清教徒前辈移民度过大西洋时的欧洲更大更复杂。我们不能用一些盛行而又将会被束之高阁上千年的简单公式来解释我们这个时代。因此，从卢梭（Rousseau）以来，数学思维的短暂沉寂看上去已经走到尽头。我们正在进入一个宗教、科学和政治思想的重建时代。这样一个时代里，如果有意避免只是无知地在极端之间摇摆的话，一定得寻求终极最深的真理。但除非有一种哲学来充分说明那些终极抽象概念，且以数学来说明这些抽象概念之间的关系，否则这种深刻的真理是无法洞察的。

　　为了确切说明数学是如何在当前获得普遍重要性的，我们不妨从一个特殊的科学困惑出发，去看看在试图解决这些困难时，我们自然地被引导到哪种观念上去。当前，物理学正在为量子论而犯难。如果有人还不熟悉这个理论是什么，我在此暂不做过多解释。① 我所要指出的是，这些解释中最有希望的一个是假设电子不是连续穿过其在空间中的路径；另一个观念认为，电子存在的方式是它出现在空间中一系列离散位置上。在这些位置上它占据一段连续的持续的时间。这就好像一部汽车，以平均每小时 30 里的速度沿着一条道路前行，但它并不是连续地通过这条道路，而是依次在一系列的里程碑那里出现，并在每座里程碑那里停留两分钟。

　　首先，我们需纯技术地运用数学，看看这个概念是否真正能解释量子论许多令人困惑的性质。如果这种观念经得起这场考验，毫无疑问物理学就会采用它。总而言之，这问题纯粹是要数学与物理学之间根据数学计算和物理学观察来解决的。

　　但是，目前一个问题摆在了哲学家面前。电子在空间中是一种不连续的存在，这和我们习惯地假定事物显然连续存在很不相同。电子似乎从西藏的圣人那里借了功力过来，电子加上与其相关的质子，就成为日常经验中物体的基本实有。因此，如果这个解释被接受了，我们必须修正所有关于物质存在的终极特性的观念。因为当我们深入到这些终极实有时，令人惊讶的空间存在的不连续性就显现出来了。

------

　　①　参见本书第八章。

解释这个矛盾现象并不困难，只要我们同意将那些目前已被大家所接受的关于声和光的相同原则运用于表面稳定而无差别的事物的持续状态上就可以了。一个稳定持续的音符被解释为是空气振动的结果，一个稳定的颜色被解释为以太振动的结果。如果我们用相同的原则解释事物稳定而又持续的状态，我们就应该设想：每一个最初要素都是潜在能量或者潜在活动的振动起伏。假设我们坚持物理学上能量的观念，那么每一种最初要素都将会是一个有组织的振动的能量流系统，因此，每一个要素都将具有一个确切的周期，在这个周期内，这个能量流系统将会从一个静止的极点摆动到另一个静止的极点。以海洋潮汐为例，能量流系统将会从一个高潮时期摆动到另一个高潮时期，这个组成最初要素的系统，在某个瞬间看来是不存在的，它需要整个周期才能展现出来。同理，一个音符在瞬间也是不能成为音符的，而需要整个周期才能展现出来。

因此，如果问最初要素在哪里，我们就必须取它的平均位置，即每个周期的中间。如果我们将时间分割成更小的要素，作为电子实有的振动系统将不复存在。这样一个振动实有在空间中的轨迹——振动组成实有的地方——必须被描绘成空间中一系列离散位置，如同汽车出现在一系列里程碑那里，而不是出现在两个里程碑之间一样。

首先，我们必须要问的是，是否有任何证据表明量子论和振动说存在联系。这个问题可以立即得到肯定的回答：整个量子理论都是围绕着原子的辐射能来研究的，并且直接与辐射波系统的周期相联系。因此，看上去振动存在的假设是最可能解释轨道不连续这一困惑的了。

其次，一个新的问题摆在了哲学家和物理学家面前，如果我们采用了上述假设，认为事物的终极要素本质上存在于它们的振动性之中。也就是我所说的，除了周期性的系统之外，并没有所谓要素的存在。在这一假设之下我们必须得问，组成振动系统的成分是什么呢？我们已经抛弃了无差别的持续状态的物质。除了形而上的强制要求之外，我们并没有理由去提出另一种更为精微的物质去取代我们已经解释过了的这种物质。现在这个领域已经为引入一种新的机体论以取代唯物论打开了大门，17 世纪以降，科学就将唯物论像装马鞍一样套在了哲学身上。值得铭记的是，物理学家所谓的"能量"显然只是一个抽象概念。具体的事实是，机体必然是真实显相特性的完整表达。将科学的唯物论替换下来，如果这曾经发生过，一定对思想的每个领域都产生了重要影响。

最后，我们最后的回应必然是，最终我们回到了老毕达哥拉斯的一个说法上来，数学和数学物理都是从他那里开始崛起的。他发现了研究抽样概念的重要性，尤其是引导人们注意到数字能刻画音符的周期性这一特质。因此，周期性这一抽象观念在数学和欧洲哲学发展的最早期就已经存在了。

17 世纪时，近代科学的诞生要求一种新的数学，具备完备的手段去分析振动存在这一性质。在 20 世纪，我们发现物理学家大多从事于分析原子的周期性工作。诚然，毕达哥拉斯在建立欧洲哲学和欧洲数学时，就赋予了它们这一最为深刻的幸运推测——这或许是神性天才的闪光，洞察到最深的事物本质上去了。

第三章　天才的世纪

先前两章旨在介绍一些先决条件，这些条件为17世纪科学的繁荣提供了所需的土壤。他们追溯了各种思想的要素和本能的信念所经历的种种过程，从古代世界的古典文明的初次开花，穿过中世纪经历的转变，直到16世纪的历史性革命，三个主要的因素吸引着大家的注意——数学的兴起，在复杂自然秩序中的本能信念，以及中世纪后期思想中过度的理性主义。这种理性主义指的是这种信念，即认为发现真理的途径主要是通过对事物本质进行形而上的分析。因而这种分析决定了事物如何活动及其如何产生作用。历史性革命断然抛弃了这种方法，转而研究前因后果的经验事实。在宗教中，这意味着追溯到基督教的本源，在科学上，这意味着求助于实验和归纳法的推理。

若将欧洲各族人民在我们这个时代以前的两百二十五年中的知识分子生活做一个简短、确切的描述，就将发现他们一直依靠17世纪的天才们为他们积累的思想财富而生活。那个时代的人们继承了伴随着 16 世纪历史性革命的观念酵素，又把涉及人类生活方方面面的现成思想体系流传下去。17 世纪这个时期一贯地自始至终地为人类活动的各个领域提供天才，这些天才足够与事态的伟大相媲美。从文学的编年史中就可以看出这个百年人才辈出的盛况。世纪之初，培根的《学术的进展》(*Advancement of Learning*)和塞万提斯(Cervantes)的《堂吉诃德》(*Don Quixote*)在同一年(1605)出版，好像那个时代会以一种承前启后的姿态出现。第一个四开本的《哈姆雷特》(*Hamlet*)于此前一年问世，1605 年又发行了另一个略加修改的版本。最后，莎士比亚(Shakespeare)和塞万提斯于同一天即1616 年 4 月 23 日逝世。在那一年的春天，哈维(Harvey)被认为在伦敦医学院的一个讲座课程里第一个解释了血液循环理论。牛顿出生的那一年正好伽利略逝世(1642)，也正好是哥白尼的《天体运行论》(*De Revolutionibus*)发表一百周年。此前一年笛卡尔出版了《第一哲学沉思集》(*Meditationes*)，两年后又出版了《哲学原理》(*Principia Philosophiae*)。总而言之，这个世纪的时间不够，以至于无法将天才们的重大事件充分一一展开。

我无法钻入到这个时代里思维发展的每一个阶段的详细记载中去。对于一次演讲，这个主题太大了，并且会模糊原先我计划阐明的观点。我们在有限的时间里只需一提当时发表了世界性重要成果的人名就足够了：弗朗西斯·培根、哈维、开普勒、伽利略、笛卡尔、帕斯卡尔(Pascal)、惠更斯、波意耳(Boyle)、牛顿、洛克、斯宾诺莎、莱布尼茨。我仅列出这份

名单到神圣的数字 12 为止，这个数字太小了以至于不能有效
代表当时的情形。譬如，这份名单里只有一个意大利人，然
而，意大利实际能从自己国人中提出 12 个人将这份名单填满。
同时，哈维是仅有的一名生物学家，而英国在这方面的人才很
多，这个遗憾部分地归因于演讲者是英国人，而听众也和他一
样，承认这是一个英国人的世纪。如果演讲者是荷兰人，就会
觉得荷兰人人才济济；如果演讲者是意大利人，就会觉得意大
利人人才济济；如果演讲者是法国人，就会觉得法国人人才济
济。而德国，不幸的三十年战争正在摧毁这个国家。不过，其
他国家回望这个世纪时，都认为那是一个天才辈出达到顶峰的
时代，正如伏尔泰（Voltaire）后来对法国人强调过的那样，毋
庸置疑，这是一个英国思想的伟大时期。

　　除了哈维，省略掉其他生理学家是需要解释一下的。当
然，生物学在这个世纪里获得了长足的发展，这个主要和意大
利以及帕多瓦（Padua）大学有关。但是我的目的是追溯这些来
源于科学，并且被科学预先假定的哲学观点，并且还要评估这
些观点对于每个时代的总体风气之影响。现在，这个时代的科
学哲学是由物理学占据领导地位的。以至于以一般的观念来
说，在这个时代及其往后的两个世纪，科学哲学成为物理学知
识状况最明显的表现。事实上，这些概念与生物学并不合拍，
却将物质、生命、机体等不能解决的问题交给生物学，成为现
今生物学家努力研究的对象。但是有关生命机体的科学指导现
在才发展到足以在哲学上留下概念的程度。过去的半个世纪见
证了企图将生物学观念印刻在 17 世纪的唯物论上，然而却没

有成功这一历史。然而，无论对这一成就如何评价，有一点是确定的，那便是 17 世纪的根本观点来自于伽利略、惠更斯和牛顿这一学派的思想，而不是来自于帕多瓦大学的生理学家。这个时期所引发的一个尚未解决的思想问题，可以表达如下：考虑到物理学定理所规定的物质形态及其在空间中的运动，应当如何解释生命机体。

讨论这个时代，最好引用弗朗西斯·培根的《自然史》（*Natural History*，即《木林集》）第四部分开头的一段话作为引言。我们从他的牧师罗利（Rowley）当年的回忆录中得知，这本著作是在他生命的最后五年里完成的，因此这本著作的时间写于 1620 至 1626 年。这一引用如下：

> 肯定的是，无论任何物体，尽管它们没有感觉，但是它们有知觉。因为当一个物体加于另一个物体时，会存在一种选择，选择接纳合意的那部分，而排斥不合意的那部分。无论这个物体是改变他物还是被他物改变，从此之后，在行动之前总有一种知觉存在。否则，所有物体都将混为一体。有时候，这种知觉在某种物体上比感觉更为精微。因此，知觉与之相比是一个十分迟钝的事物。通过温度计，我们能发现天气中热或冷最为细微的差别，这是单凭我们自己无法发现的。并且，这种知觉有时候会相隔一段距离发生，但是就和直接触碰发生一样。天然磁石吸铁或者巴比伦的石油火焰，都是隔着一段距离发生的。因此这是一种很高贵的探究的主题，这种探究是对更精微

的知觉的探究。① 知觉是开启自然界的另一个关键，与感觉一样重要，有时候重要性甚至超过了感觉。此外，这还是观察自然界的主要方法，因为知觉之物出现较早，而效果中之物则在很久以后才产生。

这段引言有很多有趣之处。其中一些的重要性在接下来的演讲中还会加以说明。首先，应注意培根将知觉或顾及与感觉或认知经验仔细加以了区分。在这一点上，培根是游离于那个世纪最后成为主流的物理思想之外的。后来，人们认为物质是被动的，受着外力的作用。我认为培根的思想路线与唯物论概念相比表达了一个更为基本的真理，当时唯物论概念被塑造成足够满足物理学的需要。现如今我们已习惯于用唯物论的方式去观察事物了，这种方式被 17 世纪的天才们深深地根植在我们的文献之中，以至于我们要理解另一种看待自然界问题的方式就会变得有些困难。

在刚刚我引用的这个特殊例子中，满篇的段落和句子中充斥着实验的方法，也就是说，充满了对"不能化约而又铁一般的事实"的注意，以及得出普遍规律的归纳法。17 世纪遗留给我们的另一个未解决的问题是归纳法的理性根据。清晰地认识到经院学派的演绎理性和现代的归纳观察法之间的对立性的人，首推培根。当然，在伽利略和当时所有科学家的思想中也

---

① 英文版中此处出现错误，经对照，"a great distance, as well as upon the touch; as when the loadstone quiry,"应为"a great distance off. It is therefore a subject of a very noble inquiry"。——译注

暗含了这一点。但是，培根是最早认识到这一点的人之一，而且他还对于当时正在发生的知识革命的全部范围有最直接的理解。也许最完整预测到培根和整个现代观点的人是莱昂纳多·达·芬奇（Leonardo Da Vinci），他生活的年代正好比培根早一个世纪。达·芬奇也阐明了我上一章所提出的理论，即自然主义艺术的兴起是我们科学思想形成中的一个重要因素。诚然，达·芬奇是一个比培根更为全面的科学家。自然主义艺术的做法更类似于物理学、化学和生物学的做法，而非法律的做法。我们所有的人都记得培根的同代人，血液循环的发现者哈维曾经说过，培根"像个大法官一样写科学著作"。但是在现代初期，达·芬奇和培根一起阐明了联合起来构成近代世界的各种思潮，即法律思想和自然主义艺术家观察的习惯。

在我上述引用培根的那段话中，并没有清楚地提到归纳推理法。对我来说，没有必要做任何的引证来说明实行这种方法的重要性，以及由此发现的自然界的秘密对于人类福祉的重要性，这些其实都是培根的著作中所强调的主要论点之一。归纳法已经被证实比培根所预期的还要复杂。他的心中有一个信念，认为只要在搜集例子时保持足够的仔细，普遍规律就会自然显现出来。也许哈维当时就知道了，我们现在也知道了，这对于导致科学普遍原理的过程的说明很不充分。但是当你把这一切都抛掉，培根依然是构筑现代实际思想的伟大奠基者之一。

到了18世纪，在休谟的批判下，由于归纳法所带来的特殊困难开始凸显。但是培根是那次历史性革命的先知之一。那次革命抛弃了无变化的理性主义方法，而冲向另一个极端，将所有丰富的知识都建立在根据过去的特殊事态去推断将来的特殊事态这一方法之上。我并不怀疑归纳法的有效性，只要它运用得法。我的观点是：除非我们满足于将归纳法建构在我们模糊的本能之上，认为其理所当然，否则预先进行一番繁杂的工作就是必需的，这些工作就是运用理性去说明直接出现在我们认知中的直接事态的普遍性质。直接事态若不能给过去和未来提供一些知识，涉及记忆和归纳时，我们就难免陷入怀疑主义之中。科学或我们日常生活之中归纳过程的关键，就在于正确理解知识的直接事态的全部具体情况，这一点多么强调都不为过。正是我们抓住了这些事态在全部具体情况下的性质，生理学和心理学的近代发展才至关重要。我将在接下来的演讲中阐明这一点。当我们仅仅以一种抽象来取代这个具体事态，只考虑实物在时空中的形态流变，我们就将发现自己陷入不能解决的困境之中。很明显，这种对象只能告诉我们，它们的状况就是现在具有的状况。

因此，我们必须回顾意大利中世纪研究者所说明的经院神学的方法，这一点我在第一次演讲中已经提过。我们必须观察直接事态，并且使用理性对其本质做普遍的描述。归纳法预先假定了一种形而上学，换而言之，它是建立在事先成立的理性主义基础之上的。引证历史是无法得到一个理性根据的，直到形而上学已经确定有历史可以引证。同理，对未来的猜测也应假定某种知识前提，即有一个遵从某些决定因素的未来存在。困难在于搞清楚这两种观念的意义。但是除非你已经了解了，否则归纳法只是空话。

你将会观察到，我不认为归纳法就其本质而言是普遍规律派生出来的，它是从已知的过去特殊事例的性质预测未来某些特殊事例的性质的方法。一个更为广泛的假定是，普遍规律适用于所有可认知的事态，这对于有限的知识而言是一种很不妥当的扩大。我们所有能要求当前事态的是，它应该去决定一种特殊的事态群。这一群事态包含在同一群之内而在某些方面相互影响。在物理科学中，这个事态群是一套事件，这套事件可以说在共同的时空之中彼此配合，因此我们能追溯从一个事态到另一个事态的转变。而我们所涉及的也是在我们知识的直接事态中所显示出的共同时空。归纳推理是从特殊事态到特殊事态群，再从特殊事态群到同一群特殊事态间的关系。在我们考虑其他科学概念之前，我们关于归纳法的讨论还不可能超越这个初步的结论。

这段培根的引述中第三点值得注意的是，这段引述完全是关于"质"的。在这方面，培根完全失去了 17 世纪科学成就前的"音调"。当时的科学一直是而且仍然是主要重"量"。先找出现象中可以度量的要素，然后找出这些物理量的度量之间的关系。培根忽视了这条科学规则。比如，上述引文中他提到隔着距离的作用，他所考虑的是就"质"而言的，而不是就"量"而言的。我们不能要求他预知到他的晚辈伽利略的观点，或者他的继承者牛顿的观点。但是他并没有暗示要研究"量"。或许他被从亚里士多德传承下来的流行逻辑学说误导了，实际上，那些学说在应该告诉物理学家度量的时候，却告诉了他们分类。

直到 17 世纪末，物理学才建立在令人满意的度量的基础之上。最后的恰当的解释是由牛顿给出来的。质量的共同可度量成分可区分各种含量不同的物体的性质。在实体、形状和大小方面显然相同的物体，在质量方面也会非常相近；三项条件相同的程度越大，质量相等的程度也越大。作用于物体上的力，不论是接触还是隔着距离产生作用，被（实际上）视为等于物体的质量乘以物体速度的变化率，这种变化率是由力作用于物体之上产生的。这样一来，力就由它对物体运动产生的效果而区分出来了。现在的问题是，力的大小概念是否能引导发现一种简单的量的规律，这个规律包括可通过实体形态和物理特性的条件来选择性地决定力。在整个现代中，牛顿的这一概念在这项测验中一直都十分成功。它的第一个胜利是万有引力定律，成就的最高峰是天文动力学、工程学和物理学的全面发展。

三大运动定律和万有引力定律构成的主题值得特别关注。整个思想的发展刚好经历了两代人。它始于伽利略，终于牛顿的《自然哲学的数学原理》。而且牛顿出生的那一年伽利略正好逝世。笛卡尔和惠更斯生活的年代正好在这两个伟大人物之间。这四人合作所获得的成就有权利被认为是人类历史上所达到的最伟大的知识界的成功。为评价它的大小，我们必须考虑它范围的全面性。它给我们构造了一个物质宇宙的景象，并且使得我们能够计算某一特殊显相的最为微小的细节。伽利略迈出了第一步，找到了正确的思维道路。他发现关键值得注意的点不是物体的运动，而是它们运动的改变。伽利略的发现被牛顿用他的第一运动定律公式化了：一切物体在没有受到力的作用时，总保持匀速直线运动状态或静止状态，除非作用在它上面的力迫使它改变这种运动状态。

这个公式否定了一个两千年来阻碍物理学进步的信念。它也涉及一个科学理论上必备的基本概念，我说的是理想的独立系统的概念。这个概念包含了事物的基本特性。假如没有这些特性，科学或者是人类有限智慧中的一切知识都将是不可能成立的。这个"独立"系统不是一个唯我论者的系统，认为万事万物离开我就不存在了，它是在宇宙范围内独立存在的。这意味着，关于这个系统的真理，只要通过统一的系统的关系图示去参照其余的事物便可以成立了。因此，独立系统的概念不是实质上独立于其余事物的概念，而是与宇宙中其他的事物细节没有偶发性的依存关系。进一步说，这是没有偶发性依存关系只对这一独立系统中特定的抽象特性而言，而不是对这一系统的全部具体情况而言。

运动第一定律问：一个动力方面的独立系统就其全部运动来看，如果不管它的方向和内部各部分间的安排，我们能说的是什么？亚里士多德说，你必须认为这样一个系统是静止的。伽利略补充道，静止状态只是一种特殊状态，普遍的说法是物体不是处于静止状态，便处于匀速直线运动之中。因此，一个亚里士多德派的学者会认为，力是由外物的反作用引起的，在量上可以由该物所保持的速度来衡量，方向上可以由该速度的方向来决定。然而伽利略派会直接关注加速度的大小及其方向。这一差别从开普勒和牛顿的对比中显现出来。他们两个都观察使得行星保持在其轨道上的力。开普勒发现的是推动行星的切向力，牛顿发现的是转变行星运动方向的径向力。

如果从我们经验中的明显事实来看，与其详述亚里士多德所犯的错误，还不如强调他所做的证明更为有益。我们日常生活中所见到的一些运动，除非它们显然获得了外力支持，否则就会很快停下来。因此，一个正常的经验主义者一定会关注运动的持续性问题。在这里我们发现了一个缺乏想象力的经验主义所遭遇的危机。17 世纪展现了另一个这种危机的例子，牛顿和世界上的其他人一样，也陷入其中了。惠更斯已经提出了光的波动理论。但是这个理论没有办法解释我们日常经验中有关光的最为明显的事实，那就是：一个突出物体所投射的影子是由直线光线决定的。因此，牛顿拒绝承认光的波动理论而接受该微粒子理论，因为后一理论完美解释了阴影问题。从那以后，两个理论都有属于它们的一段全盛期。直接的科学正在寻求将两种理论进行结合。这个例子说明了：由于某种被考察对象的极其明显的事实不能被解释，而拒绝承认某一种观点，那将会是危险的。如果你已经注意到自己一生中所出现的思想中的新鲜事物，你将会观察到几乎所有的新观念在新出现的时候都有一些不尽如人意的方面。

现在回到运动定律上，值得注意的是，17 世纪并没有为不同意亚里士多德观点的伽利略派提供任何理由。这是一个重要的事实。在这一系列演讲中，当我们后面谈到现代时，我们将看到相对论对这一问题全面的说明，不过这一说明只是重新整理了我们对时间和空间的整个概念而已。

直到牛顿提出，才使人关注到质量是物体本质上所固有的物理量。质量在运动变化时始终不发生变化。但是质量在化学变化时也始终不发生变化这一事实需要等到一个世纪后拉瓦锡（Lavoisier）来证明了。牛顿的后一项任务是以物体的质量和加速度来估计外力的大小。在这方面他的运气很好，因为，从数学家的观点来看，质量和加速度两者之间的乘积是最为简单的规律，也是最为成功的一个。现代的相对论又修正了这个极其简单的理论。不过对于科学而言，幸好当时并不知道今天物理学家所做的这些精密实验，因此，世人才得以用两个世纪去消化牛顿的运动定律，这是有必要的。

在看到以上这些盛世之事之后，我们就不会惊讶于科学家将他们的终极原理建构在唯物论的基础之上，并且其后抛弃了哲学。如果我们能精确理解这个基础是什么以及它的最终困难，那么我们就能抓住思想的过程。当你在批判一个时代的哲学时，不要主要将你的注意力集中在那些代表人物公开加以辩护的立场上。某些基本假定，在同一个时代，可能被各种不同理论体系的信众同时不自觉地采纳。这些假定看来十分明显，以至于人们不知道这些假定是什么，因为他们也从未想到其他处理事物的方式。根据这些假设，有限数目的几种哲学体系出现了，并且这一群体系就成了当时的哲学。

近代时期，某一个这样的假定就构成了整个自然哲学的基础。这个假定包含在概念之中，这一概念表现出自然的最具体的方面。伊奥尼亚学派的哲学家问：自然是由什么构成的？答案不外乎材料、物质、质料。采取何种名称并不重要，重要的是指明它在时间和空间中有一个简单的位置，或者用更为现代的观念说，在时空中有一个简单的位置。我所谓的物质或质料就是具有简单定位这一特性的一切东西。而所谓的简单定位就是质料的一个主要特性与其他次要特性。对于主要特性而言，质料与时间空间具有相同关系，对于次要特性而言，质料与时间空间的关系是不相同的。

时间和空间的共同特性是：质料在空间中可以说"在此"，在时间中也可以说"在此"，或者在时空中说"在此"，其意义完全确定，不需要参照时空中其他区域来进行解释。奇怪的是，这种简单定位的特性，无论我们将时空区域用绝对方式或相对方式来决定都能适用。假若区域只是显示质料与其他实有的一套特定关系，那么所谓简单定位的特性，就说明质料与其他实有具有位置关系，而不需要参照同一群实有的类似位置关系所构成的其他区域就能说明。事实上，不管你以何种方式，只要时空中的确切位置被确定好了，就可以通过说明特定质料正好在某个地方来充分说明特定质料与时空之间的关系。如果仅就简单定位而言，已经无须再做过多说明了。

然而，还有一些次要的解释要说明，这些解释可以产生我上述提到的次要特性。首先，就时间而言，如果质料在某段时间中已经存在过，那么它就在这段时间里的任何一部分中存在过。换而言之，将时间进行分割并没有分割质料。其次，就空间而言，将体积进行了分割就将质料也分割了。① 因此，如果质料以一定体积而存在，那么体积减半，所包含的质料也必然比原体积少。正是由于这一性质，空间中某一点的密度的观念才得以产生。人们谈论密度时不会将时间和空间混同起来，以达到某些现代相对论学派的极端主义者鲁莽渴求的那种程度。因为就质料来说，时间分割发挥的作用与空间分割发挥的作用是有相当大区别的。

此外，质料与时间分割无关这一事实可以引导出结论：时间的流逝是偶然的，而不是质料的本质。质料在任何时间的分段中都是它本身，而不管分段有多短。因此，时间的过渡和质料的特性没有关联。质料在瞬间也是它本身。这里时间的瞬间就是瞬间本身，没有过渡，因为时间的过渡就是瞬间的连接。

因此，伊奥尼亚思想家所提出的"世界是由什么构成的"这一问题，在 17 世纪的答案是：世界是物质瞬间位置和形状的连续，如果将以太之类的比一般物质更为精微的材料包括进去，也可以说成，世界是质料位置和形状的连续。

关于基本自然要素的看法，科学对这种假设表示满意，而这一点我们不应该表示惊奇。像引力这种巨大的自然力量，完全是由质量的位置和形状来决定的。因此，位置和形状可以决定它们自身的变化，也正是为此，科学思想之环也跟着完全封闭了。这就是著名的自然机械论，这一理论从 17 世纪以来一

---

① 英文原版中此处为"dividing the volume does not divide the material"，而根据上下文，并参照剑桥版，此处应为"dividing the volume does divide the material"。——译注

直占据统治地位。这是物理科学的正统信条，并且，这些信条通过实际的考验获得了证实，它是行得通的。于是，物理学家对于哲学不再有兴趣了。他们强调历史性革命中的反理性主义，然而，这种唯物机械论的困境不久就显露出来了。18 世纪和 19 世纪的思想史有一种主导的事实，即世界已经掌握了一种普遍的观念，有它和没有它都活不下去。

质料瞬间位置和形状的简单定位是柏格森（Bergson）所反对的，只要考虑了时间问题，以及它作为具体自然界的基本事实。他认为这是由于理智上将事物空间化而把自然扭曲了。我同意柏格森的反对意见，但我不赞同说从理智上来理解自然，这种扭曲就一定是一个缺点。我将在接下来的讲座中努力展示，这种空间化是具体事实在非常抽象的逻辑结构下的表现。这里有一个错误，但是仅仅是将抽象误认为是具体这样一个偶然性错误而已。这就是所谓的"误置具体性谬误"（Fallacy of Misplaced Concreteness）的一个实例。这种谬误在哲学中曾引起很大的混乱。尽管在这个实例中可看出此谬误的普遍趋势，但是理智也不必然陷入到这个错误之中。

非常明显，简单定位的概念将对归纳法造成巨大困难。因为物质的位置和形状在任何一个时段中的定位，若与任何其他时间都没有关系，无论过去的或是未来的，则我们可以立即推论：任何时期内的自然都与其他任何时间的自然没有关系。因此，归纳法所依据的便不是任何可通过观察确定为自然界固有的事物。因此，我们不能从自然中找到任何定律的信念之根据，比如关于万有引力定律的信念之根据。换而言之，自然秩序不能仅从对自然的观察中来找到根据。因为在当前，没有什么固有的东西可以联系到过去或者未来。也因此看上去，记忆和归纳法在自然界本身似乎无法找到根据了。

我一直在预先谈论一些本书中将要谈到的思想，并且一直在重复休谟的论调。这一系列思想立即遵从了简单定位的说法，认为我们不能等到18世纪再考虑它。奇怪的是，事实上世界真的等到休谟提出才注意到其中的困境。而当休谟真正开始崭露头角时，也仅仅是他的哲学中提到宗教的部分受到关注，由此可见当时一般人士的反理性主义思潮。这是因为神职人员原则上是理性主义者，而科学人员则怀有相信自然秩序的简单信念。休谟本人就曾挖苦道："我们神圣的宗教是以信仰为基础的。"这种态度能使英国皇家学会满意，却不能让教会满意。这种态度也使休谟及后来的经验主义者满意。

思想方面还有另一个假设，也可以和简单定位的理论相提并论，即所谓相互联系的两个范畴：实体和属性（Substance and Quality）。但是两者之间却有些不同。对于空间地位的适当描述已经有相当多不同的理论。但是不论空间的地位如何，被认为就处于空间之中的各种实有与空间的联系是一种简单定位。简而言之，一般人都默认空间是简单定位存在的场所。任何事物存在于空间中就必然存在于空间中的某一确定部分。然而，谈到实体和属性的问题，尽管17世纪顶尖的思想家利用他们的天赋立即建构了一个足以满足他们直接目的的理论，但是他们对这一问题始终感到困惑不解。

当然，实体和属性以及简单定位，对于人类而言都是最为自然的观念。这就是我们思考问题的方式，没有这些思考方式，我们日常生活中的观念就无法安排了。这一点毫无疑问，唯一的问题是，当我们在这些概念的指引下去思考自然的时候，我们的思想究竟具体到什么程度？我给出的答案是：我们只是在为我们自己提出直接事实问题的简化版本。当我们检视这些简化版本的基本要素时，我们将发现它们事实上只能作为精细详尽而又高度抽象的逻辑结构而存在。当然，作为个人心理的一个要点，我们只要粗略地把无关的一些细节抛弃不用，就能得知这些观念。但是当我们试图去为这种抛开无关细节的做法找寻根据时，将会发现尽管留下来的实有与我们讨论的实有相一致，可是这些实有是高度抽象的。

因此，我认为实体和属性是"误置具体性谬误"的另一个例证。我们来考虑一下实体和属性的观念是如何产生的。我们观察一个对象，将其作为有特定特性的实有。并且，每一个别的实有也是通过其特性来理解的。比如，我们观察一个物体，有一些性质我们注意到了，可能是硬度、蓝色、圆形、闹声等。我们观察到有些事物具有这些性质，除开这些性质，其他的我们都没注意到。因此，实有是基质，或者是实体，而属性是在实有的基础上推断出来的。一些属性是必要的，缺少了它们，实有就不再是实有本身，其他的属性则是偶然的可变的。在17世纪末期，约翰·洛克认为物质实体具有可以用数量表示的质量，并在空间中占有某一简单定位，这两点都是基本属性。当然，位置是可移动的，而不可移动的质量仅是一个经验事实，除了一些极端主义者都这么认为。

到目前为止一切都还顺利。但是当我们谈到蓝色和闹声的时候，我们将会面临一种新的情况。首先，物体不会永远是蓝色或者持续不断地发出闹声。在我们的偶然性属性的理论中已经接纳了这一点，在目前情况下，我们也可以认为是合适的。其次，在17世纪展示了一个真正的困境。伟大的物理学家是在他们自然的唯物观念的基础上来详细阐释光和声音的传播理论的。关于光，有两种假说：其一，光是通过物质性以太的振动波来传播的；其二，根据牛顿的说法，光是通过令人难以置信的小微粒的运动传播的，而这种小微粒是由一些精微的物质组成的。我们都知道，在19世纪，惠更斯的波动理论占有优势地位，而现如今，物理学家努力试图结合这两种理论，以解释辐射方面的所遇到的模糊情况。但是无论你选择哪种理论，事实上外在的自然界中都没有光和颜色的存在，有的只是质量的运动。同时，当光射入到你的眼睛并落在视网膜上，有的也只是质料的运动。然后你的神经和你的大脑都受到影响，但这也仅仅是质料的运动。这种说法同样适用于声音，只需要把以太波换成空气波，把眼睛换成耳朵就行了。

我们接下来要问：在什么意义上蓝色和闹声是物体的属性呢？基于相似的理由，我们也可以问在什么意义上香气是玫瑰花的属性呢？

伽利略思考了这个问题后，立即指出，离开了眼睛、耳朵和鼻子，就没有所谓颜色、声音和香气了。笛卡尔和洛克详细阐述了第一属性和第二属性的理论。例如，笛卡尔在他的《第一哲学沉思集》中的第六个沉思（*Sixth Meditation*）①中说：
"当然，从我感觉的不同种类的颜色、气味、滋味、声音、冷
热、软硬等，我确有把握地断言，在产生这些不同的感官知觉
的物体里，多种多样的东西与这些物体相应，虽然它们也许实
际上和这些物体不一样。"

他在《哲学原理》（*Principles of Philosophy*）中说："我们
通过感官对外物所能知道的，不外乎它们的形状（状态）、大小
和运动。"

洛克在写作时是具有牛顿力学知识的，他将质量作为物体
的第一属性。简而言之，他依照物理科学在 17 世纪末的状态
详细论述第一属性和第二属性的理论。第一属性是实体的根本
属性，这些实体的时空关系组成了自然界。而这些关系的时序
性就构成了自然秩序。自然界的显相以某种方式被与我们生物
体紧密相连的心灵所领悟。根本上，这种心灵的领悟是相互联
系的人体中特定部分产生的显相，比如大脑中的显相所引发
的。但是心灵在领悟时也经历了很多感觉，恰当地说，它们是
心灵本身的属性。这些感觉被心灵投射出去以便覆盖在外界自
然中的适当物体上。因此，这些物体便被认为具有某些属性，
而事实上，这些属性并不属于它们本身，而只是纯粹的心灵的
产物。因此，自然界得到的功效其实是属于我们自身的，如玫
瑰花的香气，夜莺的歌声，太阳的光辉等。诗人们彻底错了，
他们应该将抒情诗献给他们自己，并且还应当把这些诗歌变成

———————
① 根据约翰·维奇（John Veitch）教授译本。

对杰出的人类心灵的自我歌颂。自然界是枯燥无味的，没有声音、没有香气，也没有颜色，有的仅仅是质料的匆匆忙忙、无休无止、毫无意义的流转。

不论如何隐瞒，17 世纪典型的科学哲学最后达到的实际成果就是这些说法。

重要的是，我们必须注意到作为一个概念系统在科学研究的组织上所起的惊人作用。在这方面，它完全配得上当时的天才人物。从那时起，它就维持着自己作为科学研究的指导原则，到现在仍然占据统治地位，世界上的每一所大学都是依据它而组织起来的。探求科学真理的其他组织系统未曾出现过。它不仅处于统治地位，而且简直是根本没有对手。

然而，这说法太让人无法相信。这种宇宙概念必然是以高度抽象的方式构成的，只有当我们错把抽象当成了具体实在时，这种自相矛盾的说法才会产生。

关于这一世纪的科学进展，不管多么广泛的描述都不能省略掉数学的进步。这里正和其他很多方面一样，是当时天才们大显身手的地方。三个伟大的法国人，笛卡尔、笛沙格（Des-argues）、帕斯卡尔（Pascal）开启了几何学的现代时代。另一个法国人，费马（Fermat）奠定了现代分析数学的基础，只是他还没有使得微分学的方法达到完美的境地。处于他们时代之间的牛顿和莱布尼茨把微分学作为一种实际的数学推理方法真正地创造了出来。到世纪末，作为一种运用到物理问题上的工具，数学已经能达到现代这种纯熟的地步了。除了几何学之外，现代纯数学还处于发展初期，19 世纪的惊人发展在当时也看不出半点迹象。不过数学物理学家已经出现，带来了一种思维方式，这种思维方式将统治下一个世纪的科学世界。那将是一个"数学分析获胜"的时代。

17 世纪终于产生了一种科学思想体系，这是数学家为了自己使用而拟定出来的。数学头脑的最大特性在于他们具有处理抽象概念，并且从这些抽象概念中演绎出一系列的推理论证的才能。只要这些抽象概念是你想要探讨的，你就能满足于这些论证。科学抽象概念的巨大成就，一方面提出了物质和物质在时空中的简单定位，另一方面提出了感觉、感受和推理，但并不干涉心灵。这样就不知不觉中迫使哲学接受它们是事实的最具体表现。

在这种情形下，近代哲学受到了巨大的冲击。它以一种极其复杂的方式在三个极端之间摇摆：一种是二元论，这种观念认为物质和心灵具有相同的地位。另外两种都是一元论，即将心灵置于物质之中，或者将物质置于心灵之中。但是这样玩弄抽象概念并不能克服 17 世纪科学体系中的"误置具体性"所引起的内在混乱。

第四章　18世纪

就各时代可对照比较的学术风气而言，18世纪欧洲的情形与中世纪完全相反。这种对比象征化地表现在沙尔特教堂以及达朗贝尔(D'Alembert)与伏尔泰会谈所在的巴黎的沙龙这两地的差别上。中世纪的人有一种总想将无限理性化的渴望；18世纪的人则将近代社会生活理性化，并将他们的社会学理论建立在援引自然界事实的基础之上。前一时期是信仰的时期，建立在理性基础之上。后一时期，他们对过去的事情决定不再提，这是理性的时期，以信仰为基础。为了阐明我的意思，我试举一例：圣安塞姆(St. Anselm)会很失落，如果他无法找出令人信服的理由以证明上帝存在，并且证明他的信仰大厦就是建立在这个理由基础之上的。而休谟的《宗教的自然史》(*Dissertation on the Natural History of Religion*)则建立在对自然秩序的信仰之上。在比较这两个时代时，应当记住理性可能犯错，信念也可能误置。

在我的前一讲中，我追述了自17世纪以来一直占据优势地位的科学观念体系在 17 世纪的发展情形。它包含了一个基本的二元论：一边是质料，另一边是心灵。这两者之间存在有生命、机体、功能、瞬间实在、交互作用、自然秩序等概念，这些概念综合起来就形成了整个系统的阿喀琉斯（Achilles）之踵。

　　我也曾表达了我坚定的看法，如果我们想对自然现实的具体特性做更为根本的表述，那么在这一理论体系中我们首先应该批判的要素就是简单定位的概念。由于这概念将在以下的讲座中占有重要地位，我将会重复我对这概念所赋予的意义。当我们说一小块物质具有简单定位，那就意味着在表达时空关系时，比较适当的表达是，它的位置就在它本身所在之处，在一个确定有限空间区域中与一确定有限的持续时间中，而完全没有必要涉及该小块物质与其他空间区域和延续时间的关系。同时，简单定位的概念与绝对论者和相对论者对于空间和时间观念的争执毫无关联。只要任何关于空间和时间的理论能对确切空间区域和确切延续时间的意义加以说明，不论其观点是绝对还是相对，简单定位的理念都有完全确切的意义。这个理念正是 17 世纪自然观体系的基础。少了它，这一体系就无法表达。我将说明：在我们直接经验对自然界所感知的首要要素中，没有任何一种要素具有简单定位的特性。可是，这并不是说 17 世纪的科学错了。我认为通过建设性的抽象过程，我们能够得知某些具有简单定位的质料微粒的抽象概念，以及另一些包含在科学思想体系中心灵的抽象概念。因此，真正的错误是我之前说的所谓"误置具体性谬误"。

　　将注意力集中在确切的抽象概念群上的优势为，你的思想可以集中于清晰确定的事物与清晰确定的关系。因此，如果你有一个善于逻辑思维的头脑，你就能够对这些抽象实有之间的关系演绎出各种不同的结论。同时，如果抽象概念的基础很好，也就是说，它们抽象时没有脱离经验中一切重要的事物的话；那么集中在这些抽象概念上的科学思想将得出一系列与我们自然经验相关的重要真理。我们都知道那些清晰敏锐的思想家，被固定不动地包围在抽象概念的硬壳中，他们通过纯粹地抓住你的个性，将你纳入到他们的抽象概念里。

　　不论这些抽象概念的基础是否很好，将注意力仅仅集中在抽象概念群上的不利之处在于，因为事件的本质所限，那就是你已从剩余物中抽象出来了。只要这些被排除在外的事物在你的经验中是重要的，那么你的思考方式便不适于处理它们了。如果没有抽象概念便无法思想，因此，最为重要的是警醒地以批判的态度修正你的抽象方式。正是在这一点上，哲学找到了它的归宿，即对社会健康发展的重要性。这就是抽象概念的批判。一个文明如果不能突破当前的抽样概念，就注定要在非常有限的一段进步之后变得荒瘠。一个活跃的哲学学派对于理念的进展是十分重要的，就如同一个活跃的铁路工程学派对于燃料的运转一样。

　　有时候，一个抽象概念体系在表述一个时代的主要活动时获得了惊人的成功，然而却将哲学所提供的帮助完全忽略掉了。这就是 18 世纪所发生的事情。当时的哲学家①根本不是哲学家。他们是天才，头脑清晰而思维敏捷，他们将 17 世纪的科学抽象概念群应用于分析广袤的宇宙中。在当时极为有趣的那一圈理论中，他们获得了压倒性的胜利。凡是不符合他们体系的东西都被置之不理、嘲笑或不被信任。他们憎恨哥特式建筑象征了他们对模糊的看法缺乏同情。那是理性的时代，是健康、强壮、强健而有活力的理性的时期。但是，这是一种一只眼睛的理性，视野缺乏深度。我们对那个时代的人是充满感激的。千余年来，欧洲一直是不能容忍又令人无法容忍的空想家的竞技场。18 世纪的普遍意识，即对触目惊心的人类困难以及要求明显的人类天性的理解，使得世界像受到一次道德洗礼。伏尔泰的功绩是不容抹杀的，他痛恨不讲道义、他痛恨残暴、他痛恨无情地镇压以及他痛恨欺骗，同时，他又能洞察这些恶习。在那些至高的德行面前，他是他们那个时代光明一面的典型人物。但是如果人不能光靠面包生活，就更不可能光靠消毒剂过日子。这个时代有其局限性，但是这种热情却难以理解，除非我们完全公允地对待当时的成就。直到今天，当时的某些重要论点，特别是在几个科学学派中，还是被这种热情捍卫着。17 世纪的概念体系被证明是完美的研究工具。

　　这种唯物论的胜利，主要体现在理性科学的动力学、物理学和化学中。就动力学和物理学而言，进展的形式是前一个时代主要观念的直接发展。完全新颖的东西没有产生，但是细节

---

　　① 　Les philosophes 主要应指法国哲学家。——译注

方面的发展是巨大的。特殊例子被揭示了出来。就如同是天国通过一套特定计划而开门了。在这个世纪的下半叶，拉瓦锡实际上已将化学建立在当下基础上了。他确定了物质在任何化学变化中不生不减的原则。这是唯物论思想的最后一次胜利，它最终也没能证明出可以有不同说法，化学科学只是在等待着下一个世纪原子理论的到来。

在这个世纪中，对自然过程的机械论解释的观念，最终僵化为科学的教条。这种观念长盛不衰的原因在于许多数学物理学家获得了一系列不可思议的胜利，这其中以拉格朗日（Lagrange）在 1787 年出版的《分析力学》（*Mécanique analytique*）为其巅峰。牛顿的《自然哲学的数学原理》（*Principia*）发表于 1687 年，这两部伟大的著作正好相隔一百年。这个世纪包含了现代数学物理的第一个时期。克拉克·麦克斯韦（Clerk Maxwell）于 1873 年出版了《电磁通论》①，代表了第二个时期的结束。这三本著作中的每一本都给思想带来了新的眼界，影响了往后的每一个事物。

我们如果回顾人类曾系统研究的若干领域，便不可能不深深感到各领域人才分布的不均。在几乎所有主题上都有一些杰出的人物。因为要靠天才去创设一个主题，让其成为思想领域中的一个独立的题材。但是就很多主题而言，在一个良好开端与其直接事态建立了密切关系后，往后的发展就成为一系列软弱无力的挣扎，整个主题逐渐失去了对思想进展的把握。然而

---

① 作者全名为詹姆斯·克拉克·麦克斯韦（James Clerk Maxwell），书的英文全名为 *A Treatise on Electricity and Magnetism*。——译注

数学物理却与此截然不同。你对这个主题越是研究，就越是为它展现出来的令人难以置信的智慧上的成就所震惊。18世纪和19世纪最初几年的伟大数学物理学家可以说明这一点，他们中大部分是法国人：莫佩尔蒂（Maupertuis）、克莱罗（Clairaut）、达朗贝尔、拉格朗日、拉普拉斯（Laplace）、傅立叶（Fourier）、卡诺（Carnot），这些名字都让人想起某些世界一流的成就。随后，当浪漫主义时期的代言人卡莱尔（Carlyle）讽刺地称这个时代为"数学分析胜利的时代"（Age of Victorious Analysis），并嘲笑莫佩尔蒂为"戴着白色假发的气质高尚的君子"的时候，他仅仅表达的是狭隘的浪漫主义者的观点。

要在短时间内，不借助专门术语就将这一学派所取得进展的细节表述清楚是不可能的。然而，我将努力说明莫佩尔蒂和拉格朗日两人共同成就的要点。他们的成果，加上随后19世纪上半叶两位伟大的德国数学家高斯（Gause）和黎曼（Riemann）所提出的数学方法，已经证明了正好为赫兹（Herz）和爱因斯坦引入到数学物理学中的新观念做了必要的准备工作。同时他们也为前面所提到的克拉克·麦斯维尔的著作启发了一些最可贵的观念。

他们想要发现一些比之上已经讨论过的牛顿的运动定律更为根本、更为普遍的东西。他们想要找到一些更广泛的理念，例如拉格朗日想找到一些更为普遍的数学表达法。这是一项雄心勃勃的事业，而他们完全成功了。莫佩尔蒂生活在18世纪的上半叶，拉格朗日则活跃在18世纪下半叶。我们在莫佩尔蒂的著作中还看出了前一个世纪中的神学色彩。他的起始点为一个物质微粒在任何有限的时间中所经历的全部路程，必定达到了符合上帝旨意的完美。这个总原则中有两点值得注意：首先，它展现了我在第一章中所主张的论点，即相信自然秩序存在的信念产生于中世纪教会，并且在欧洲人心中留下了深刻的印象，这种印象认为具有理性和人性的上帝对一切做了细致和深谋远虑的安排。其次，尽管我们都知道这种思维方式对于细节的科学探讨没有直接用处，但是莫佩尔蒂在这特殊事例中的成功却说明几乎任何能把你推出现有抽象概念的理念，都将比没有发挥更好的作用。在当前的一个例子中，有关的观念对莫佩尔蒂而言是引导他去探讨牛顿的运动定律对运动的整个路径究竟能推导出何种普遍性质。毫无疑问，不管一个人的神学观念如何，这是一个非常合理的程序。并且他的普遍观念也使他认识到被发现的性质是一种"量"的总和，只要稍稍偏离这个路径就会增加其总和。在这一假定之下，他普及了牛顿的运动第一定律。因为每一个独立的微粒都均速取最短路径进行运动，所以莫佩尔蒂推测说一个微粒穿过一个力场时，一定会实现某一"量"的最小可能数量。他发现了这个"量"并称之为各时间极限之间的积分作用。以现代术语来说，这就是微粒在连续的瞬间中的动能和势能的差异在经历一段时间后的总和。因此，这一作用就和运动引起的能量以及位置引起的能量之间的交换有关。莫佩尔蒂发现了"最小作用量"（least action）这一著名定理。莫佩尔蒂比起拉格朗日来还算不上一流。在他和那些他的直接继承者手中，他的原理并没有发生支配性作用。拉格朗日将同一问题放在了更为广泛的基础上，以便使其的答案和动力学发展的真实过程相关。他的"虚功原理"（Principle of Virtual Work）应用到运动系统时，产生的效果就是莫佩尔蒂的原理应用到这个系统的每一瞬间路径的情形。但是拉格朗日看得比莫佩尔蒂远。他领会到他获得了一种描述动力学真理的方式，这种方式可以和确定该系统各部分的位置时用到的特殊度量方法毫不相关。因此，他继续推演出运动的方程式，不管做出何种数量上的度量，只要它们能满足固定位置的需要，就都能应用这些方程式。这些优美而又简洁非凡的方程式可以与古代的神秘符号相媲美，那些神秘符号被认为直接表述了万物根源的终极理性。随后，发现了电磁波的赫兹将他的力学建立在一个新的观念上，他认为每一个微粒在其运动受限的条件下穿过它所能通过的最短路径。最后爱因斯坦提出，通过运用高斯和黎曼的几何理论，证明了这些条件可以被解释为时空固有的特性。以上便是动力学从伽利略到爱因斯坦这段过程的最为简短的描述。

与此同时，伽伐尼（Galvani）和伏特（Volta）也在进行电方面的发现，生物科学逐渐积累了他们的材料，但是仍然在等待主导性观念的出现。心理学也开始摆脱对于一般哲学的依赖。心理学的独立发展是自身批判的最终结果，这种批判通过约翰·洛克批评形而上学的门槛而达成。所有有关生命的科学仍然处于初步观察的阶段，这一阶段占据统治地位的方法是分类法和直接描述法。在这种情况下，抽象概念体系还能满足事态的需要。

在实践领域，这个时期不能说已经失败了，它产生了一些开明的统治者，比如哈布斯堡家族的约瑟夫皇帝(Emperor Jo-seph of the House of Hapsburg)、腓特烈大帝(Frederick the Great)、沃波尔(Walpole)、查塔姆大公(the Great Lord Chat-ham)、乔治·华盛顿(George Washington)等。尤其在这些统治者之外，英国创设了议会内阁制政府，美国创设了联邦总统制政府，法国大革命提出了人道主义原则。同时在技术方面发明了蒸汽机，因而进入到一个文明的新纪元。毋庸置疑，作为一个实践的时期，18 世纪是成功的。如果你向这个世纪最聪明、最典型的先驱请教，我指的先驱是约翰·洛克，他正好见证了这个世纪的开端，他的期望几乎不会超越现实的成就。

在评判 18 世纪科学体系的时候，我必须首先给出我忽略 19 世纪唯心论的主要理由。我指的是哲学上的唯心论，这种理论找寻实在在心智上的终极意义，这种心智完全是在认知范围内的。这一唯心学派，发展至今已经和科学观念相距甚远。它完全接受了科学体系，视之为自然事实的唯一解释，然后将科学体系解释为终极心智里的一个观念。在绝对唯心论者看来，自然观的世界只是众多观念中的一种，它用某种方式分化了绝对观念的统一；在主张单子心灵的多元唯心论看来，这个世界就是各种不同观念的最大公约数。这些观念将各种单子中的各种心灵单位分化开来。然而无论如何，这些唯心论学派显然都没能有机地将自然事实与他们的唯心论哲学连接起来。就本书中一系列将要讨论的问题来看，最终的观念不是唯物论的就是唯心论的。我的观点是：暂时的唯物主义还将持续一段时间，使得科学体系能得以重构，并使其建立在机体(organism)

这个终极概念上。

大体来说，我的步骤是从空间和时间地位的分析入手，以现代术语来说就是时空的地位分析入手。这两者都有两个特性，事物被空间加以分割，也被时间分割，但是它们又在空间中一起存在，在时间中也一起存在，即便他们不是同时存在。我将这些特性称为时空的"分离性"（separative）和"摄入性"（prehensive）。此外，时空还有第三种特性。空间中的任何事物都受到某种确切的限制，因此在某种意义上，它具有某种形态而不具有其他形态，在某种意义上，它也处于某一个地方而不处于另一个地方。同理，时间的情况也类似，事物在某一阶段里持续存在，而不在另一阶段持续存在。我将这个称为时空的"模态性"（modal character）。很明显，模态性本身引起了简单定位的观念。但它必须和分离性及摄入性联合起来看。

为了将思路简化起见，我将首先讨论空间，然后再以同样的方式扩展到对时间的讨论中去。

体积是空间最为具体的要素。但是空间的分离性将体积分析为次体积，并无限制地进行下去。因此，单独从分离性来看，我们可以推测体积仅仅是非体积要素的累积重复，这个非体积要素事实上就是点。但是单位体积却是最终的经验事实，比如，这座大厅的容积性空间。此时，这座大厅仅仅只是点的累积重复就成为了逻辑性想象的构建。

因此，体积的摄入性单位是基本事实，这种单位由内含无数部分的分离单位加以限制或调节。我们看到一个摄入性单位时，仍然认为它是内含部分的集合。但是体积的摄入性单位并不仅仅是各部分的逻辑集合。各部分形成一个有秩序的集合，在这个意义上，每一个部分从其他部分的观点来看都自成一体，同时其他部分对于该部分来说也是自成一体。因此，如果A、B、C是三个体积，从A的观点来看，B有一个位态（aspact），同样C也有一个。从B或C来看，本身之外的两个体积也有一个位态。从A出发而求得的B的位态就是A的本质。体积不会独立存在，它们只是整体中的实有。你不能在不破坏它们本质的基础上把它们从它们的环境中抽离出来。因此，我认为从A出发求得的B的位态就是B借以进入A结构的模态（mode）。摄入性单位A摄入着从它本身观点出发所求到的一切其他体积的位态而成为一个单位，这就是空间的模态性。体积的形态就是可以推演出一切位态的公式。因此体积的形态比之它的位态更为抽象。很明显我可以借用莱布尼茨的语言说，每一个体积皆在自身反映出其他体积。

以上关于空间的说法同样可以适用于时间的延续。没有延续的瞬间是一个想象的逻辑性构建。每一段时间的持续本身都反映出所有时间的延续。

但是在叙述时我在两个方面过分简化了。首先，我应该将空间和时间联系起来，从时空的四维区域来引出我的解释。但即使采用这种解释方法，我也不会增加什么新东西。只要在心中将前述的空间体积用四维区域替换就行了。

其次，这种解释本身包含了一个恶性循环。因为我说摄入性单位A区域是由其他区域的模态呈现在A区域中所形成的统一。这种循环论证之所以产生，是因为时空实际上不能视为自立的实有。它是一种抽象概念，其解释必须参照推演出它本身的那个源头。时空是事件某些共性的详细说明，以及事件相互之间的秩序。再现具体事实就会将我们带回到18世纪，甚至将我们带回到17世纪的弗朗西斯·培根那里去了。我们必须考虑在这些时代里，对于居于支配地位之科学体系的评判的发展。

　　没有哪个时代是同质的，不管某一相当长时期中的主旋律是什么，该时期总是可能产生与时代旋律相反的人物，甚至是伟大的人物。18世纪就是这样的例子。例如，当我描述那个时代的特性的时候，你们可能想起约翰·卫斯理（John Wesley）和卢梭等人，然而我却不想谈论他们，或者其他同类人。我必须详细考虑的是贝克莱（Berkeley）大主教的观念。这个时代刚开始时，他就做出了所有正确的批判，至少原则上如此。说他的思想没有发生作用，那是不符合实情的。他是一位名人。乔治二世后世上少有，他如此聪明、如此英明，能明智地庇佑学术，因此，贝克莱被任命为主教，当时主教在大英帝国的地位比之今天主教的地位要高多了。同时，比他的主教地位更为重要的是，休谟研究了他的学说，并且发展了他的哲学中的一面，只是这种发展方式可能会惊扰到这位伟大神职人员的灵魂。之后康德研究了休谟的学说，因此，如果说贝克莱在那个世纪没有影响，就太荒谬了。但是同时，他也没能影响到主流的科学思想。科学思想继续奔腾往前，就如同他没有写下任何东西一样。从那时起，科学界由于获得了极大成就而不屑于批评。整个世界的科学仍然非常满意于自身的特殊抽象概念，这些抽象概念还行得通，对于当时科学而言也已足够了。

我们面前的问题是，在 20 世纪，现在科学界的思想对于它面前所要分析的具体事实而言，太过于狭隘了。这一点甚至在物理学上也是如此，在生物科学中就越发急迫了。因此，为了理解现代科学思想的困境及其对近代世界的反映，我们必须在心里掌握一些范围更为宽泛的抽象概念，以及距离我们直觉经验的全部具体情况更近的更为具体的分析。这样的分析必须找到自己在物质和精神概念分析中的定位，以便我们诸多的物理世界中的经验能被这些抽象概念所解释。贝克莱就是在探索更广泛的科学基础上起了重要作用。在牛顿和洛克两个学派完成了他们的工作之后，他随即针对他们的弱点提出了批评。我打算不考虑贝克莱所创造的主观唯心论以及休谟和康德各自发展而成的各种学派。我想要说的是，不管你最后接受的形而上学是什么，贝克莱那里内含有另一条发展路径，正好指出了我们所找寻的那种分析。贝克莱忽视了这一点，部分原因是因为哲学家过于强调理智主义，还有部分原因是因为他急于想找出一种以上帝心灵为客观基础的唯心论。你们可能还记得我曾经说过，问题的关键在于简单定位的观念。贝克莱事实上批评了这种观念。他还提出问题说，在自然界中认识的所谓事物究竟是什么。

他在《人类知识原理》(*Principles of Human Knowledge*) 的第 23、第 24 小节中，对后面的一个问题给出了他的回答，我将从这些小节中引用一些分离的句子来看看：

23. 不过您又说，我们很容易想象，例如，公园中有树，壁橱里有书，并且不必有人来感知它们。我可以答复说，您自然是可以如此设想的，这并没有什么困难。不过我要问，您这不是只在心中构成所谓树和书的观念吗？您只是在同时没有构成任何能感知它们的人的观念罢了……

我们纵然尽力设想外界事物的存在，而我们所能做到的，也只是思维自己的观念。不过人心因为不曾注意到自己，因此，它便错认自己可以设想；各种物体可以不被思想而能存在，或在人心以外存在……

24. 显然，只要我们稍一考察自己的思想，就可以知道，自己是否可以理解：所谓可感物本身的绝对存在，或心外的存在，究竟有何种意义。在我看来，这些文字只不过标记出一个明显的矛盾来，否则便是全无意义的。

另外，贝克莱的著作《阿尔西弗龙》（*Alciphron*）第四篇对话录中的第10小节是一段令人印象深刻的段落，我在我的《自然知识原理》（*Principles of Natural Knowledge*）中曾相当详细地引用过：

欧佛拉诺（Euphranor）："阿尔西弗龙，请告诉我，你能否看到原来那座城堡的门、窗户和城垛？"

阿尔西弗龙："不能，从这么远看上去，那座城堡就像一座小圆塔。"

欧佛拉诺："但是我到过那儿，我知道那不是小圆塔，而是一座方形的大建筑，有城垛也有塔楼，好像你都没看到。"

阿尔西弗龙："你想从这里推论出什么呢？"

欧佛拉诺："我认为你用视觉严格而恰当地看到的东西，并不是数英里以外的那个东西本身。"

阿尔西弗龙："为什么会这样？"

欧佛拉诺："因为一个小圆形的物体和大方形的物体是完全不同的东西，对吗？"

在同一篇对话录中引用了有关行星和云的类似对话，这一段结尾如下：

欧佛拉诺："这一点还不清楚吗？你在这儿看到的城堡、行星、云都与你假定在很远地方存在的实际物体大不相同。"

在上述已经引用的第一段，已经清晰地表明，贝克莱本人持极端的唯心论解释观点。对于他来说，心灵是唯一绝对的实在，自然的统一体就是上帝心中观念的统一体。就个人而言，我认为贝克莱对于形而上学问题的解释所带来的困难并不会比他指出的唯实论对于科学体系的解释所带来的困难更少。然而，还有另一条可能的思维路径，可以让我们采取一个暂时性唯实论的态度，并且通过一种对科学本身有利的方式拓宽科学体系。

我在前面的演讲中引用了弗朗西斯·培根《自然史》中的一段话，这里再回顾一下：

肯定的是，无论任何物体，尽管它们没有感觉，但是它们有知觉。因为当一个物体加于另一个物体时，会存在一种选择，选择接纳合意的那部分，而排斥不合意的那部分。无论这个物体是改变他物还是被他物改变，从此之后，在行动之前总有一种知觉存在，否则，所有物体都将混为一体。

在先前的讲座中，我也把培根笔下的知觉解释为考虑被感知事物的根本特性，并且我还将感觉解释为认知。我们肯定可以在我们对于事物还没有清晰认知的情况下，对它进行考虑。甚至当时并没有认知，我们也能有一个考虑的认知记忆。另外，正如培根所指出的："否则，所有物体都将混为一体了……"很显然，我们考虑的是根本特性的一些要素，换句话说，事物上的这种差异不仅仅只有差异。

感知一词在我们普遍的用法中，充满了认知性的领悟的观念。即便去掉了认知性的一词，领悟一词仍然充满了认知性的观念。我将会用摄入一词代表非认知性的领悟：这样一来，领悟便可以是也可以不是认知性的。现在再来看欧佛拉诺最后的言论：

这一点还不清楚吗？你在这儿看到的城堡、行星、云都与你假定在很远地方存在的实际物体大不相同。因此，这里就存在摄入，这里是我们所在之处，但是其他地方也相关。

现在再次回到贝克莱的名句，引自他的《人类知识原理》这本著作。他主张自然实有的体现过程就是在心灵统一体中被感知的存在。

我们可以替换这个概念，体现就是进入到摄入单位中去的事物的聚集过程，因此，体现是摄入这个过程，而不是事物本身。这种摄入的统一体是此地和此时的，并且集中到摄入统一体中去的事物与其他地点与其他时间本质相关。我用摄入统一过程取代了贝克莱的心灵。为了让自然显相逐步体现的概念为人所理解，更为详尽的扩充是有必要的，并且还要与它在具体经验中的现实含义相对照。这一点是随后讲座中要完成的任务。首先，简单定位的理念已经消失了，聚集到此时此地所体现的统一体中去的事物已经不单纯是城堡、云，或行星本身了。而是从摄入统一体观点中看到的在空间和时间内的城堡、云，或者行星。换句话说，这就是从此处的统一体的观点出发看到的另一处城堡的透视。因此，这便是聚集进入此处统一体的城堡、云、行星的位态。你们应该还记得透视的观念在哲学中是很常见的。这个概念是莱布尼茨引入的，在他单子反映宇宙的透视之观念中。我所用的也是这个观念，只是将他的单子淡化而换成在空间和时间中统一的事件。在某些方面，这个更为接近斯宾诺莎的模态概念。这就是我使用模态（mode）和模态的（modal）两个词的理由。与斯宾诺莎对比来看，他那唯一实体对于我来说就是体现过程在互相联系的复杂模态下个体化的潜在活动。因此，具体事实就是过程。这方面的首要分析便是对于潜在的摄入活动以及已被体现的摄入性事件的分析。每一个事件都是下层活动个体化时所产生的个别事实。然而，个体化并不等于实体的独立存在。

　　我们在感官知觉中认识到的实有，是我们知觉作用的终点。我把这种实有称为"感觉客体"（sense-object）。例如，某种深浅的绿色就是感觉客体。同样的还有某种音质和音高的声音，某种确切的气味，某种一定性质的触觉。这种实有在某一确切的时间内与空间的联系方式都是复杂的。我认为感觉客体已经进入到时空中。感觉客体的认知性知觉便是各种感觉客体的不同模态，连同感觉客体一起，在摄入统一体（A点）中的认识。当然，观点A是时空中的区域。那就是说，它是在某一延续时间中的空间体积。但是作为一个实有，这个观点便是一个体现的经验单位。感觉客体的A模态就是从A求到的另一区域B。此A是离开感觉客体来看的，这感觉客体与A的关系受着模态的限制。因此，感觉客体以在B的位置模态存在于A之中。因此，如果我们讨论的绿色是感觉客体，那么绿色就不仅仅存在于A点，这个它被认知到的地方，也不仅仅存在于B，这个它被人认定的所在地，而是以在B的位置模态存在于A之中。这个问题并无任何特殊神秘之处，你仅仅需要看着镜子，然后注意你身后绿叶在镜子中的镜像就明白了。你所在的A点有绿色存在，但是绿色却不仅仅存在于你所在的A点。A点的绿色有一模态，即存在于镜子里面的叶子镜像中。然后请你转过身看着叶子。现在你感知绿色的方式和你转身前完全一样。除了现在绿色具有存在于实际树叶中的模态。我现在只是描述我们所感知的东西：我们认识到绿色在感觉客体的摄入统一体中只是一个要素。每一个感觉客体，包括绿色在内，都有其特殊的模态，可表现为处于另外的地点。位置模态有各种各样的形式。比如，声音是容积性的，它充满了整座大厅，颜色的漫射有时也是如此。但是颜色的位置模态可能是一体积的偏远界限，比如房间里墙壁上的颜色。因此，时空就是感觉客体在某种模态下进入的场所。这就是为什么空间和时间被一起提及的理由，为了方便起见，我们分开谈。因为每一体积的空间，或者是每一段时间在本质上都包含了所有空间体积或所有时间延续的位态。哲学上关于空间和时间的困难，就在于将它们作为简单定位的场所。简单来说，知觉就是对摄入统一体的认知。再简单点，知觉是摄入的认知。现实世界是摄入组成的多面体，并且一个摄入是一个摄入性事态，而一个摄入性事态就是最具体有限的实有，这些实有被看作在己和为己，而不是在其他如此事态的本质中所反映的位态来看的。摄入统一体可以说在 A 体积中具有简单定位。但是这仅是一个同义反复。因为空间和时间是摄入统一体彼此在对方那里形成后所组成的整体上得出的抽象概念。因此，一个摄入在 A 体积上具有简单定位，就如同一个人的脸上浮现的微笑一般。根据上述我们的讨论，莫不如说知觉的行为具有简单定位更有意义，因为这样可以简单地被理解为存在于认知者这一摄入体上。

就以上所说的来看，自然界包含的实有比单纯的感觉客体更多。尽管用更完整的视角时我们的说法还需修正，但是我们能够回答贝克莱关于被赋予自然界的实在性的特性如何这样的问题了。他说这是心灵中观念的实在性。获得某些心灵的观念和理念的观念后的完整的形而上学可能最终会接受这个看法。对于这系列讲座的目的而言，没有必要去讨论这个根本性问题。我们可以接受一种暂时的唯物论，即将自然看作摄入统一体的综合。空间和时间则展现出这些摄入体之间相互关系的一般体系。你不能将其中任何一种从这关联中去除。他们在关联中每一个都具有整个综合体所具有的实在性。反过来说，整体也具有每一个摄入体同样的实在性。因为每一个摄入体都统一了从它本身出发赋予整体中其他部分的模态。摄入就是一个统一的过程。因此，自然是一个扩张发展的过程，必然从一个摄入体变迁到另一个摄入体，被达成的事物也因此被超越了，但是本身又被保留了下来，因为它们本身的位态呈现于未来的摄入体中。

因此，自然界是一个演化过程的结构。实在即是过程。如果有人问红色是不是真实的，那么是毫无意义的。红色只是体现过程的一个成分而已。自然界的实在就是摄入体，那就是说，自然界中的事件。

现在我们已经将简单定位的污点从空间和时间中清除出去了。也因此可以部分地抛弃摄入体这个名词。这个名词原来被引入是为了说明一个事件的本质统一体，即作为一个事件是一个实有，而不仅仅是部分或者成分的集合。但是必须理解的是，时空只不过是将集合组成统一体的系统。但事件就正好意味着时空统一体中的一个，因此，事件一词可以被用于取代摄入体来说明被摄入物体的情况。

凡是事件都有同时发生的其他事件。这意味着一个事件把同时发生的其他事件的模态作为直接达成的展现，而反映在自身之中。事件也有过去，这意味着事件把先前事件作为记忆混入自身的内容中，并反映在自身之中。事件也有将来，这意味着事件把未来反射回现实之中这样一种位态反映在自身之中。换而言之，把现在决定未来这样一种位态反映在自身之中。因此，事件便具有了预知能力：

梦想着未来事物的这大千世界的语言的灵魂。

这段结语对于任何形式的唯实论都非常重要。因为在我们认知的世界中，有过去的记忆、现时的体现和对未来的预示。

上述的概括分析比科学思想体系更为具体，我从可以代表我们认知方面的心理领域出发，这一观点的意义就是它本身所表明的意义：对我们躯体事件的自知之明。我指的是所有事件，而不是对躯体的细节考察。这种自知之明显现出自身之外的实有之模态表象的摄入统一体。总而言之，除去不常见的复杂与稳定的固有模式之外，这种躯体事件总体上与其他事件处于同一水平上。唯物机械论的强力在于它一直要求不能任意打乱自然秩序，以弥补理论解释的不足。我赞同这一原则。但是如果你从我们心理经验的直接事实出发，就像一个经验主义者那样，你就会立即被引向本章中提出的自然的机体概念中去了。

18世纪科学体系的缺陷在于，它没有提出任何构成人类直接心理经验的要素，也没有提出任何整体的有机统一的基本概念，电子、质子、分子和生物体等这些有机统一体从哪儿发展出来。依据那时的体系，在事物的本质中没有任何理由说明，为什么不同部分的质料应该互相之间具有物理联系。我们不妨承认，我们不能找到必然的本质规律。但是我们可以想象，自然秩序的存在是必不可少的，自然秩序的概念与作为机体发展场所的自然概念结合起来了。

联系到本章最后一段，笛卡尔在"对《第一哲学沉思集》反驳的答辩中"提到的一段话很有意思："太阳的观念就是太阳本身存在于理智之中，不是形式的，就像它在天上那样，而是客观的，也就是说以对象经常存在的方式而在理智之中。不错，这种存在的方式比东西存在于理智之外的方式要不完满得多，可是这并不是纯粹得什么都不是，就像我从前说过的那样。"①我发现笛卡尔的这种观念在与笛卡尔哲学的其他部分调和方面存在困难，尽管我很赞同这种观念。

---

① "著者对第一组反驳的答辩"，霍尔丹（Haldane）与罗斯（Ross）合译，第 2 卷，第 10 页。

第五章　浪漫主义的反作用浪潮

我在上一章中曾描述了 18 世纪从前人那继承下来的狭隘而又富有效率的科学概念体系对于当时所产生的影响。这一体系是与创立奥古斯丁（Augustinian）神学非常相似的思想的产物。新教的加尔文主义（Calvinism）和天主教的詹森主义（Jansenism）都展现了人在不可抗拒的圣宠面前是无能为力的；当前的科学体系也展示了人在不可抗拒的自然机制面前是无能为力的。神性的机械论和物质的机械论是范围局限的形而上学和逻辑清晰的智力产生的怪异问题。17 世纪也有天才，也将混沌的思想清理了一番。18 世纪继续以无情而高效的方式进行清理工作。科学体系比理论体系持续时间更为长久。人类很快就对不可抗拒的圣恩失去了兴趣，转而欣赏起效用高的工程学，工程学就源自于科学。在 18 世纪的前二十五年，乔治·贝克莱对系统的整个基础提出了他的哲学的批判，但他没能搅动思想的主流。在上一章中，我发展了与他平行的理论，这个理论最后引导出一个思想体系，即把自然建构在机体的概念之上，而不是物质的概念上。在本章中，首先我打算了解文化界人士是如何看待机制论和机体论对立的。只有在文学中，人性的具体外貌才能表现出来。因此，如果我们希望发现一代人内心的想法，就必须去阅读文学著作，尤其是诗歌和歌剧等更为具体的形式。

我们很快发现，西方人展现出许许多多的一些特性，而这些特性常被认为是中国人的独有特质。常常使人惊讶的是，中国人信仰两个宗教：一会儿相信儒教，一会儿又相信佛教。是否这是真的我并不清楚，我也不知道如果是真的，这两种看法是否真的不相容。然而，毋庸置疑的是，类似的情况在西方也出现过，并且涉及的两种看法确实不相容。建立在机制论基础上的科学唯物论与一种坚定的信念紧密结合在一起，这种信念认为，世上的人和高等动物是由自主的机体所构成的。

近代思想的基础中存在着这种根本的不相容，正好解释了我们文明中的半心半意和动荡不安。如果说这种不相容分裂了思想还言过其实，但是由于背后潜在的不相容，确实使思想衰弱了。总之，中世纪的人曾经追求的卓越境界计划已经几乎被我们完全遗忘了。他们秉持了一个理念，即要达到理解上的和谐。我们却满足于各种武断的出发点所形成的表面秩序。比如，欧洲人民的个人主义力量所创造的事业预先假定了自然界的运用导向一群目的因。但是他们发展中所运用的科学是建立在一种主张自然因果至上的哲学之上，这种哲学也将自然原因与终极目的区分开来。详细论述这其中涉及的绝对冲突并不受欢迎，然而，不管如何用辞藻掩饰，这仍然是个事实。当然，

在 18 世纪佩利(Paley)的著名说法中我们发现，机械论假定了
自然的创造者上帝的存在。但是甚至在佩利提出这一说法的最
终版本之前，休谟就写下辩驳：你将找到的上帝将只是机械论
创造者的上帝。换而言之，机械论至多假设了一个机械工的存
在，而这不是一般的机械工，是机械论的机械工。脱离这种机
械论的唯一办法就是证明它不是机械论。

当我们撇开护教神学转而谈论一般文学时，就会发现，正
如我们所预料到的，科学观点普遍受到忽视。就文学的质量而
言，科学可能永远不会被提到。直到最近，几乎所有的作家都
沉浸在古典文学和文艺复兴时期的文学。对于他们的大多数而
言，哲学和科学都引不起他们的兴趣，他们的思想也被训练得
不关心这一套。

但是这种概括的说法有一些例外。即便单就英国文学而
言，一些伟大的名字也与哲学和科学存在紧密联系，尤其是科
学的间接影响尤为值得注意。

我们若检视一下英国文学中在一般风格上带有说教性的伟
大严肃的诗，就会得到一个旁证，发现近代思想中确实存在令
人迷惑的不相容。这种类型的诗有弥尔顿(Milton)的《失乐园》
(*Paradise Lost*)、蒲柏(Pope)的《人论》(*Essay on Man*)、华
兹华斯(Wordsworth)的《远足》(*Excursion*)、丁尼生(Tenny-
son)的《悼念》(*In Memoriam*)。弥尔顿的著作虽然写于"复
辟"①之后，但是却传达了他那个时代早期受科学唯物论影响

———————————

① 指 1660 年查理二世回到伦敦，斯图亚特王朝复辟。

的神学气氛。蒲柏的诗代表了发生于期间六十年的科学唯物论对一般思想的影响，这一时期包括科学运动稳获胜利的初期。华兹华斯一生中都表现出对 18 世纪思想的有意识反抗，这种思想意味着全部根据表面价值去接受科学观念。华兹华斯对这种思想的反抗并不在意，他的唯一动机是一种道德上的反感。他认为有些东西被遗漏了，正是这些东西是构成了那些所有最重要的事物。丁尼生则是 19 世纪第二个二十五年日趋式微的浪漫主义与科学之间试图妥协的代言人。那时候，近代思想中的两大要素已经展现出他们在自然规律和人生的解释上存在根本的分歧。丁尼生的诗成为上述混乱状况的典型代表。两种对立的世界观通过诉诸无法逃避的最终直觉而使得他无法不接受。丁尼生深入到困难的核心，而这正是使他胆寒的机械论的问题。

　　"星群，"她轻声低语，"茫然运行。"

　　这句诗把全诗所含的哲学问题都明白地说了出来。每一个分子都茫然运行。人的身体是分子的组合，因此，人的身体也是茫然运行的。也因此对于身体行为来说，没有个人责任可言。如果接受分子是独立存在，完全不受人的机体所决定，同时又承认茫然运行受着一般力学规律的规定，那么这样的结论就是无可避免的。但是心理经验是从身体行为，包括身体的内在行为产生出来的。因此，心灵的唯一功能是使得最低限度的一些经验得以确认，并且把某些与身体内外在活动无关的经验加上去。

于是我们可以得出两个与心灵可能有关的理论。要么你否认它能为其本身提供身体所不能提供的经验，要么你承认这一点。

如果你不承认附加经验，那么所有的个人道德责任也不存在了。如果你承认他们，那么人将对自己的思想状态承担责任，即便他们可以为自己的身体行为免责。思想在近代世界的衰弱从丁尼生诗歌中避开这一明显问题的方式中得到了阐释。这里面有一些弦外之音，成为见不得人的家丑。他触及了宗教和科学问题中几乎所有的方面，唯独对于这个问题只是一笔带过般地间接提到了下。

当诗写成时，正是问题争论得激烈的时候。约翰·斯图尔特·密尔(John Stuart Mill)正在提倡他的命定论。这一理论认为，意志被动机所决定，动机由先前条件来表明，包括身心两方面的状态。

很显然，这一理论未能避开彻底机制论所提出的两难问题。因为如果意志影响到身体状态，那么身体里的分子就不是茫然运行的。如果一直没有影响到身体状态，则心灵就会处于不如意的情况中。

密尔的理论被广泛接受，尤其是在科学家中间。好像它能让你接受极端的唯物机械论，同时又脱离那难以置信的结论。其实并非如此。身体里的分子要么茫然运行，要么不这样。如果他们确实是茫然运行的，则心理状态就与讨论身体行为无关了。

我只是简明地提出这些说明，因为事实上这问题很简单。

冗长的讨论反而会产生混乱。这里并没有涉及分子在形而上学中的地位问题。它们仅仅是一些公式的说法也无法在此立足。因为大体上公式都有意义，如果没有意义，那么整个机械论也没有意义，问题也没办法谈了。但是如果公式有意义，这个说法就只能紧扣该意义来谈。传统的逃避这一困难的办法，除了简单地有意忽视它这种方式之外，就是求助于今天所谓的"活力论"（vitalism）。活力论其实是一种折中的说法。它主张在整个非动物界可以自由运用机制论，而在生命体中，机制论的运用则部分减轻。我认为这个理论并不是一个令人满意的折中说法。有生命的物体与无生命的物体之间的界限是模糊而问题重重的，不是这样一个武断的假设能够说得通，而且这个假设在某些地方也包含着本质上的二元论。

我的理论主张是：唯物论的整个概念只能应用于逻辑识别所产生的抽象的实有，而具体的持续实有就是机体，所以整体机体的结构将会影响到各种附属机体的特性。以动物为例，心理状态进入到整个机体的结构中，因此对于一系列的附属机体，直到最小的机体，诸如电子都有影响。所以，在生命体内部的电子与体外的电子是不同的，就是由于躯体结构的缘故。电子在生命体内外都是茫然运行，但是在体内运行时则遵照它在体内的性质运行，那就是说，遵照身体的一般结构运行，这个结构包括了心理状态。然而，变更特性的原理在自然界中非常普遍，绝不仅仅是生命体的独有性质。在接下来的讲座中，我将会说明，这个理论包含了放弃传统科学唯物论的要求，取而代之以机体论的说法。

　　由于游离于这系列讲座的体系之外，我将不会讨论密尔的命定论。前面的讨论只是说出，如果不是唯物机械论或者折中的活力论所引发的困难造成阻碍的话，命定论或者自由意志论总有一个站得住脚。我把这一系列讲座所提出的理论命名为"机体机械论"（organic mechanism）。在这种理论中，分子依然会遵照一般规律而茫然运行，但是每个分子固有的特性随着它们所属体的一般机体结构不同而有所不同。

　　科学的唯物机械论与具体生活事务中所预设的道德直觉之间存在一定的差异。这种差异的真正意义要经过几个世纪才能逐渐看出来。前述各诗凑巧都在开头几段反映出各自时代的不同风格。弥尔顿在序言的结尾写下了一段祈祷：

　　　　使我能够适应这个伟大主题的崇高境界，使我能够阐明永恒的天理，向世人昭示天道的公正。

　　根据许多现代研究弥尔顿的作家判断，我们也许会认为他的《失乐园》（*Paradise Lost*）和《复乐园》（*Paradise Regained*）是一系列无韵诗的试验。但是弥尔顿本人却一直不以为然。"向世人昭示天道的公正"才是他的主要目的。他在《斗士参孙》（*Samson Agonistes*）中又提到了同样的观念：

　　　　神的道路是公正的，他对世人也是公正的。

　　我们看到这里的信心是何等的强，完全不受迎面而来的科学浪潮所影响。《失乐园》的实际出版日期在它所属的时代之外，这是一个未曾受到干扰的即将消逝的世界的绝唱。

比较蒲柏的《人论》和弥尔顿的这本《失乐园》，就会发现英国思想中的基调在蒲柏和弥尔顿之间五六十年的变化。弥尔顿的诗歌写给上帝，而蒲柏的诗则写给博林布鲁克公爵（Lord Bolingbroke）：

> 人生在世，如驹过隙，嗟彼世主，萦心细微，我求圣人，畅论人生；
>
> 有生之初，浑浑穆穆，大千世界，迷于方隅，历时既久，各有定处。①

我们不妨对照自信满满的蒲柏"大千世界，迷于方隅，历时既久，各有定处"和弥尔顿的"神的道路是公正的，他对世人也是公正的"。但是真正值得注意的是蒲柏和弥尔顿都未受近代世界的大谜团困扰。弥尔顿所追随的线索是上帝驭人之道。两代之后，蒲柏也同样信心满满地肯定现代社会的文明之道给迷乱的大千世界提供了一幅蓝图。

华兹华斯的《远足》就是下一部关于这一主题的英文诗集。散文体序言告诉我们该书只是巨大工程——"关于人、自然和社会的哲学诗集"中的一小部分。

该诗以极具特色的方式开始：

> 炎炎夏日，太阳旦旦升高。

因此，浪漫主义的反作用浪潮既不是从上帝开始，也不是

---

① 此处翻译参照了李提摩太、任延旭合译的《天伦诗》。——译注

从博林布鲁克公爵出发，而是从自然界着手的。我们在此见证了一个有意识地反抗 18 世纪格调的浪潮。18 世纪以抽象的科学分析去研究自然界，而华兹华斯则以自身全部的具体经验反对这种科学的抽象概念。

整整一代宗教的复兴和科学的进步发生在《远足》和丁尼生的《悼念》之间。早期的诗人面对这个困惑时选择了有意忽视，而丁尼生却不愿如此，因此他的诗开篇就是：

> 神全能的儿子呀！不朽之爱。
>
> 我们未曾见过你的面。
>
> 借由信仰，就单凭信心，信奉着。
>
> 相信着，即使我们无法证实。

此诗的困惑之处一眼就能看出。19 世纪是一个困惑的世纪，在某种意义上说，前几个世纪却并非如此。在早些时间也有过对抗的阵营，在所谓根本问题上的争论不止。然而，除去少部分彷徨不定的人之外，各阵营都是观念高度统一的。丁尼生诗歌的重要性在于它精确表达了那个时代的特质。每个个体都分裂得自己和自己作对。在稍早些时候，大思想家都是头脑清晰的思想家——笛卡尔、斯宾诺莎、洛克、莱布尼茨等。他们清楚地明白他们所表达的意思以及他们说了什么。在 19 世纪，神学家和哲学家中的很多大思想家却是思想含混不清的。他们同时承认不相容的学说，而他们在其中协调时又引起无可避免的混乱。

马修·阿诺德（Matthew Arnold）是比丁尼生更能表现当

时典型的个人迷惑的诗人。与《悼念》相比，阿诺德的《多佛海滩》("Dover Beach")写道：

> 我们犹如处在黑暗的旷野，
>
> 斗争和逃跑构成一片混乱与惊怖，
>
> 无知的军队在黑夜中互相冲突。

纽曼(Newman)枢机主教在他的《为自己一生辩护》(*Apologia pro Vita Sua*)中谈到了伟大的英国传教士普西(Pusey)的一个特点是，"他从未遭遇心灵困惑的骚扰"。在这个方面，普西让人回忆起弥尔顿、蒲柏和华兹华斯，与他们形成对比的是丁尼生、克拉夫(Clough)、马修·阿诺德与纽曼本人。

就英国文学而言，不出所料，在其中我们发现了法国大革命前后，浪漫主义反作用浪潮的领军人物对科学思想体系所做的有趣批判。在英国文学中，最深刻的思想家是柯勒律治(Coleridge)、华兹华斯和雪莱(Shelley)。济慈(Keats)是文学未受科学影响的一个例子。我们可能忽略了柯勒律治所致力的一套明晰的哲学公式。这套公式在他那个时代也确实颇有影响，但是本系列讲座将只提及那些一直都在发生作用的思想要素。然即便如此，也难免挂一漏万。对我们而言，柯勒律治的意义在于他对华兹华斯的影响。如此一来，只剩下华兹华斯和雪莱了。

华兹华斯对自然界异常着迷。如果说斯宾诺莎醉心于上帝，那么也可说华兹华斯醉心于自然。但是他是一个充满思想，喜爱阅读、对哲学非常感兴趣且头脑清晰到近乎单调之人。此外，他还是个天才。他对科学的排斥使他本身的分量稍减。我们都记得他对穷人的讽刺，斥责他们不该在母亲的坟墓上鬼鬼祟祟地张望，并在那儿进行采集活动。表现这种反感情绪的段落一段接着一段。在这方面，他这种典型的思想可以用他自己的话来概括："我们谋杀是为了解剖。"

在这段话的稍后位置，他揭示了他批判科学的思想根源。他声称反对科学完全沉浸在抽象概念之中。他一贯讨论的主题是自然界的重要事实逃脱了科学方法。因此，很重要的一点必须问，华兹华斯到底发现了自然界的哪些东西不能用科学来表达呢？我是为了科学自身的利益来问这个问题的。因为这系列演讲有一个主要立场，即反对那些认为科学的抽象概念不能改变又无法更换的理念。现在也不会出现这种情况，华兹华斯将无机物留给科学去分析，而坚守着一个信念，即生命体中有一些要素是科学无法分析的。当然，毫无疑问，他认识到了有生命的东西和无生命的东西在某种意义上是不同的。但是这不是他的主要观点。他一直挂念的是那萦绕心头的山景。他主张自然是一个"独立的整体"（insolido），这就是说，无论我们如何将分离的要素视为独立的确定个体，其周围的事物都会神秘地呈现出来。他经常在特殊事例的情调中把握整体的自然。这就是为什么他会和水仙花欢笑，而在樱草花中找到"眼泪不足以表达其深意"的思想了。

华兹华斯最伟大的诗作是《序曲》第一卷。诗中充满了自然萦绕心中的感觉。文中有好些段华丽的诗句就表达了这一理念，但由于太长在此不便引用。当然，华兹华斯是一个写诗之人，对于枯燥的哲学叙述并不关心。但是对于自然的感受很难有人表达得比他更为清楚。他认为自然表现为交错缠绕的摄入统一体，每一个摄入统一体都充满了其他统一体的模态表象：

> 大自然的灵魂，你们存在于天宇，
>
> 在地上！在山峦重显现！在那幽寂
>
> 凄清的地方！年复一年，每当我
>
> 玩着孩子的游戏，你们必来
>
> 附体缠身：在洞中与地方，在林地
>
> 或山岗，在所有景物上印出艰险
>
> 与欲望的标记，于是让辽阔的地面
>
> 密布胜利与欢乐，憧憬与恐惧——
>
> 像大海的波涛汹涌激昂。

因此，我这里引用华兹华斯的诗是想提醒：现代科学植入我们头脑中的关于自然的观念是何等的让人紧张和困惑。华兹华斯是个天才，表达了我们理解中的具体事实，而这些事实都被科学分析给歪曲了。科学的标准化概念只在一定的限度内有效，而这个限度对于科学本身而言太过狭小了，这难道不是可能的吗？

雪莱对于科学的态度正好站在华兹华斯的对立面。他热爱科学，并不知疲倦地在诗中表达出科学所提示的思想。对他而言，科学象征着快乐、和平与光明。山丘对于青年时期的华兹华斯，就像化学实验室对于雪莱。可惜的是，人们对于雪莱文学的批判在这方面不太近乎雪莱的本性。他们倾向于将这些当作雪莱本性中偶尔流露出的怪癖，事实上，这正是他思想主要结构的一个部分，渗透入他的每首诗中。如果雪莱晚出生一百年，他将成为 20 世纪化学家中的牛顿。

为了评价雪莱在这方面的成就，了解他的思想如何专注于科学观念就十分重要。这在一首接一首的抒情诗中得到了充分的体现。我仅挑出一首举例，他的《解放了的普罗米修斯》第四幕。在这首诗中，大地和月亮在用精确的科学语言对话。物理实验引导着他的想象，比如，大地惊呼道：

> 蒸汽般的喜悦心情不可压抑平静！

这就是科学书中的"气体膨胀力"（the expansive force of gases）的诗化。又比如，再看看大地的这一诗节：

> 我在我的黑夜高塔下旋转，
>
> 塔尖指向天空，梦着快乐，
>
> 在着魔的睡乡喃喃着胜利的喜悦，
>
> 像个青年做春梦含糊叹息，
>
> 当他躺在他的美人影子里，
>
> 她为他休息的光照和温暖守夜。

这一诗节只有那些心中先具有了一幅确切的几何图像的人才写得出来。而这些图像正是我经常在数学班上证明的。作为证据，最后一行尤其值得注意。这一行以诗意烘托出光环围绕着夜之塔的景象。没有上述的几何图像在心中，是想不出这种观念的。这首诗和他其他的诗歌都弥漫着这种情调。

这位诗人对科学如此充满好感并沉浸于科学观念之中，而对科学概念基础的第二属性理论不屑一顾。对于雪莱来说，自然仍然保留了它的美丽和色彩。雪莱的自然在本质上是一个机体构成的自然，并以我们知觉经验的全部内容来运行。我们已经习惯了忽视正统科学理论的含义，以至于不易觉察到其中所含的对于正统科学理论的批判。如果有人曾认真严肃地对待这件事情，那就是雪莱。

此外，对于自然表象的混合问题，雪莱和华兹华斯的见解是一样的。他在他的诗歌《勃朗峰》(Mont Blanc)开篇提道：

> 万物永无穷尽的宇宙，
>
> 从心灵流过，翻卷着瞬息千里的波浪，
>
> 时而阴暗，时而闪光，时而朦胧，
>
> 时而辉煌，而人类的思想源头也从隐秘的深泉带
>
> 来水的贡品，
>
> 带来只有一半是它的声音，
>
> 就像清浅的小溪可能会有的那一种
>
> 当它从苍茫的林莽、荒凉的山峦之间穿过，
>
> 周围有瀑布奔腾不歇，
>
> 有风和树在争吵，
>
> 有宽阔的大江冲过礁石无休无止地汹涌咆哮。

雪莱写的这几行诗明显涉及了某种形式的唯心论，康德派的，或者贝克莱派的，又或者是柏拉图派的。但是不管如何解读，他在这里证明了一个摄入统一体，它组成了自然本身。

贝克莱、华兹华斯、雪莱是从直觉上坚决拒绝科学中的抽

象唯物论的代表。

华兹华斯和雪莱之间在对待自然上有一些有趣的差别，而这正好提出了我们所思想的问题。雪莱把自然看作变化的、分解的、变形的，就像它在童话中一样。他描写落叶在西风前飞舞，有如"幽灵逃避巫师"。

在他的诗歌"云"当中，正是水的变化激发了他的想象。诗的主题是无休无止的、永恒不灭的、不可捉摸的事物变换：

> 我变而不灭。

这是自然的一个方面，不可捉摸的变化：这个变化不仅表现为位置的移动，也表现为内部属性的变化。雪莱的重点就在于那些不灭之物的变化上。

华兹华斯出生于群山之中，那里很少有树，因此很少展现出季节的变化。他被那自然界巨大的无边无际所萦绕。对于他来说，变化是持续存在的背景中偶尔出现的事件：

> 在遥远的赫布利底群岛，
> 打破过大海的寂寥。

每一个分析自然的理论体系都需面对两个事实：变化和持续。还有第三个事实，我称之为永恒。山是连绵持续的，但随着时间推移，它会消磨，也会消失。如果一座山复生，那也是一座新山。可颜色是永恒的，它像精灵般纠缠着时间，忽来忽去。但不管到了哪里，它都是同样的颜色。既不能生存也不能存活下来。当需要时它就出现了。但是山和时间以及空间的关系则与颜色不同。在先前的讲座中，我主要考虑的是永恒事物的时空之关系。这是讨论持续的事物之前的必经步骤。

我们必须回忆我们这一步骤的基础。我认为哲学是对抽象概念的批判。它的作用是双重的：首先是通过使抽象概念获得相对应的地位，以求得彼此的和谐；其次是通过直接与宇宙中更为具体的直觉对比，以求得完成它们，因此也促进更多完整思想体系的形成。伟大诗人的证言就是在这种对照上具有重要性。这些诗句能流转至今就证明了他们表达了人类深层次直觉，并深入到具体事实的普遍性质中去了。哲学不是其他的科学，自身具有极少的抽象概念体系，这套体系不断地工作以求得改进和完美。哲学旨在审视各门科学，以求得它们相互和谐和完整的特殊目标。为了这个任务，它不仅运用各独立科学的证据，还诉诸具体经验。它使得科学和具体事实相联系。

17世纪的文学，尤其是英国的诗歌，是人类的审美直觉和科学机械论之间不协调的见证者。雪莱生动地在我们面前描绘了永恒感觉对象的变幻莫测，当它们萦绕在基础机体变化之上的时候。华兹华斯是自然的诗人，他将自然作为持续不变的领地，并认为其中蕴含着巨大的意义。对他而言，永恒客体也在那里：

> 海洋与陆地，
> 此光未曾见。

雪莱和华兹华斯都有力地证明，自然不可能与审美价值分开，而且在某种意义上，这些价值是整体对各部分的培养而累积起来的。因此我们可以从诗人那得知这样一个说法，自然哲学必须考虑至少六个观念：变化、价值、永恒客体、持续、机体和混合。

我们看见 19 世纪初期文学上的浪漫主义运动，正如一百年前贝克莱哲学上的唯心论运动一样，都是拒绝被局限在正统科学理论的唯物论概念之中。在这系列演讲进行到 20 世纪的时候，我们就将发现科学本身在其自身内部发展的驱使下，也发生了概念重组运动。

然而，在我们进行到那一步之前，我们必须确定这种观念重组是建立在客观主义还是主观主义的基础之上。所谓的主观主义基础，我指的是这样一种信念，相信我们直接经验的本质是经验主体的知觉特质所产生的结果。换而言之，这种理论认为，被认知的事物并不是一般独立于认知行为的复杂事物的局部观，而是认识行为之个人特征的显现。因此，认知行为多样性所共同的东西就是与它们相关联的推理。也因而，虽然有一个共同的思想世界与我们的感觉—知觉相联系，但是却没有一个共同的世界作为思想的对象。我们所思考的是共同的概念世界，它可以无差别地运用于我们严格属于个人的个体经验。这样的一个概念世界最终会在应用数学的方程式中找到完整的表述，这是极端的主观主义立场。其间当然也有一些折中的观点，那些人相信知觉经验确实告诉了我们一个共同的客观世界。但是被感知的事物仅仅是这个世界的产物，其本身并不是共同世界的要素。

客观主义的立场则认为，被我们感觉感知的真实要素本身是共同世界的要素。这个世界是事物的复合体，确实包括了我们的认知行为，但是又要超越这些行为。根据这种观点，富有经验的事物应该有别于我们对它的了解。由于认知依赖于事物，所以事物为认知铺平了道路，而不是相反。然而，关键在于，富有经验的真实事物进入到一个尽管包含了知识，但是超越于知识之上的共同世界之中。折中的主观主义者认为，富有经验的事物只是由于依赖于认知主体才间接进入到共同世界之中。客观主义者则认为富有经验的事物和认知主体，以平等地位进入共同世界。在这个系列讲座中，我将给出我所理解的适用于科学要求和人类具体经验的客观主义哲学的要点。除去详细评判任何形式主观主义所引起的困难，大致说来我的反对理由有三：第一个理由是直接探询我们的知觉经验而引起的。从这个探询中可见，我们处在一个颜色、声音和其他感觉客体所组成的世界里，这些感觉客体在空间和时间里与持续客体诸如石头、树和人体等相关联。我们自身看来也和其他被我们感知的事物一样，是这个世界的要素。然而主观主义者，即便是最温和的折中的主观主义者，也认为上面所说的这种世界，以一种直接超越于素朴经验之上的方式依赖我们。我认为最终的诉求是求之于素朴的经验，这也是我为何要如此强调诗歌的证明。我的观点是，在我们的感觉经验中，我们所知道的东西远离并超越了我们自身的人格，而主观主义者认为在这种经验中，我们只是知道我们自身的人格上所发生的事。折中的主观主义者将我们的人格放置于我们所知的世界和他所承认的共同世界之间。在他看来，我们所知道的这个世界是处于其后的共同世界对我们人格所施加的压力所产生的内在紧张感。

我不相信主观主义的第二个理由，是根据经验的某些特殊内容。我们的历史知识告诉我们，就我们所能看到的过去的许多世纪，地球上都没有生物存在。也告诉我们，无数的恒星系统的详细历史仍在我们的视野之外。就拿月亮和地球来说，在地球内部正在发生什么事情呢？在月亮的另一边也正在发生什么事情呢？我们的知觉引领我们去推论，有事情正发生在星球上，有事情正发生在地球内部，有事情正发生在月亮的另一边。它们也告诉我们，在远古的世纪中也曾有事情在发生。但是所有这些看起来确定发生的事情，要么不知道具体细节，要么是通过推论证明才重现出来的。面对这种个人经验内容，很难相信富有经验的世界是我们自己人格的一个属性。我的第三个理由是根据行动的本能。就像感觉知觉可以给处于个体之外的事物提供知识，行为看起来也可以导致自我超越的本能。行动超越自我而进入已知的超越世界。只有到这里，最终目的才显得重要。因为这不是那种从后面推动的行为，这种行为进入折中主义者的不可知世界中。而是直接针对已知世界之确定目的的行为。同时也是超越自我并处于已知世界之内的行为。因此，已知世界超越了认知它的主体。

有人试图给物理科学上最近出现的相对论一个哲学的解释，主观主义者的视角在这些人中间非常流行。感觉世界依赖于个人知觉看上去是一个解释其所含意义的好的方式。当然，所有人都需要回溯到某种客观主义的论点，除了那些认为自己在虚无之中能构成整个宇宙的人之外。我不理解在没有感觉的共同世界的情况下，思想的共同世界又是如何得以建立的，对于这一点我不会细谈。但是如果没有思想的超越和感觉世界的超越，很难看出主观主义者如何能避免其孤独的状态。折中的主观主义者看上去也不能从背景里未知的世界中得到任何帮助。

唯实论和唯心论之间的差别与客观主义和主观主义之间的差别不同。唯实论和唯心论都能从客观主义的观点出发。他们可能都认可感觉知觉所认识的世界是一个超越了个体感受者的共同世界。但是当客观唯心论者开始分析现实世界所包含的物体时，会发现认知的精神作用以某种方式遍布每一个细节，而不得不对此加以考虑。因此，这两类客观主义者在涉及形而上学的终极问题之前，决然不会分道扬镳。两者之间有许多共同点，这就是我为什么在上一次的讲座中说我采取了一种暂时性的唯实论的原因。

过去，客观主义者的立场受到歪曲，因为其被认为必须接受古典科学唯物论及其简单定位的说法。这种说法使得第一属性和第二属性的理论成为必需。因此，第二属性的处理，比如感觉对象，须从第二属性理论出发。这种半心半意的观点很容易被主观主义者的批判所俘获。

我们如果将第二属性包含进共同世界中，对我们基本概念彻底的重新组合就成为必需。这是一个显著的经验事实，即我们对外在世界的理解必须依靠人体内部的事件。通过对人体施加适当技巧，便能使得他感知或不感知任何事物。一些人表达他们自己，好像身体、头脑和神经是完全虚幻世界中唯一真实的事物。换言之，他们用客观主义理论来对待身体，而用主观主义理论来对待世界的其他事物。这是说不通的；尤其是，我们现在引为证据的是实验者对他人身体的知觉。

但是我们必须承认：人体是一个机体，它的状况调节着我们对世界的认知。知觉领域的统一体必然是身体经验的统一体。当认识到身体经验时，我们必须因此认识到整个时空世界反映在人体生活中的各个方面。

这就是对我上次讲座中提出问题的解答。如果不是为了提醒你们，我的理论要完全放弃简单定位是事物在时空中的基本形式这一观念，我就不会再重复这一问题。在某种意义上说，每一事物都是无所不在无时不在的。因为每一个定位都在其他定位中有一个自身的位态。因此，每一个时空的观点都映射了整个世界。

传统的时空观点都预设了简单定位，如果你想以这种观点来了解我的理论，就一定会发现巨大的自相矛盾之处。但是若由素朴的经验出发，这便是一种单纯的事实转述。你的感知发生在你所在的地方，并且完全依赖于你身体的作用方式。但是，在某地发生的身体机能，却为你的认知展示出一定距离之外环境中的一个位态，这种身体机能逐渐蜕变成一般知识，知道你的身体之外有东西存在。如果这种认知传达了一个超越世界的知识，那么一定是因为事件，即躯干生命将宇宙中所有位态统一入自身之中了。

这种说法与想象力丰富的作家，如华兹华斯、雪莱等人在自然诗中个人经验的生动表达完全一致。事物徘徊不去的、直接的呈现是对华兹华斯的极度痴迷。这个理论所要做的是摆脱认知心态，使其不再成为经验统一体的必要基础。现在经验统一体存在于事件统一体中，伴随着这种统一体可能产生，也可能不产生认知。

在这一点上，我们回到一个大问题，它是我们在检查华兹华斯和雪莱诗人的洞察力所提供的证据时发现的。这个问题已经扩展成为一组问题了。什么是与永恒客体相区别的持续事物，比如颜色和形状。它们如何能存在？它们在宇宙中的地位和意义是什么？说到这儿，自然秩序中持续稳定的状态究竟是什么？有一种概括答案，它将自然与背后更大的实在联系起来。这个实在在思想史中有多个名字，如绝对事物、梵天、天道、上帝等。描绘最终的形而上学真理不在本讲座范围之内。我的观点是，任何概要的结论，从坚信上述自然秩序的存在跳到另一个简单的假设，这种假设认为有一个终极实在的存在，为了消除困惑，可以在某种无法解释的方式下求助于这一实在，那么，这个结论就构成了对于合理性的主要拒绝，以便声称它自己的权利。我们必须探究：自然本身是否表明它可以为自己做解释。我的意思是，单单说明事物是什么，可能就包含了解释事物为何如此的要素。这些要素被认为其涉及的深度要超过我们能够清晰理解的任何事物。在某种意义上，所有的解释都是以最终的无端作为结束的。我的要求是，我们模糊地发现了一个超出我们清晰认知能力之外的区域，而作为理论出发点的无端事实，应当能够显出这个区域相同的实在的普遍原则。自然表现出了一种服从于决定论条件的机体演化哲学。这类条件的例子有空间维度、自然法则、受决定论限制的持续实有等，其中持续实有是诸如体现自然法则的原子和电子。但是这些实有的性质，它们的空间性和时间性，都应当表现出这些作为自然之外更广演化结果的条件的武断性，自然在这一演化中只是一个有限的模态。

一个普遍的事实是，真实之物的一个固有特性是事物的转化，从一物到另一物的过程，这个过程不仅是离散的实有做线性的演进。不论我们如何确定一个受决定论限制的实有，在我们第一次选择时总是预设了某物更狭小的决定条件。并且，有一个更广的决定条件，第一个选择经转化后逐渐变入这一条件。自然的一般位态是演化扩张的位态。那些我称之为事件的统一体是某些东西现实性的自然发生。像这样发生出来的事物又当如何描述呢？如此统一体被冠以事件的名字，将吸引大家关注与实际统一体相结合的内在转化性。但是这个抽象字眼并不足以刻画事件实在本身的情况。稍作思考就会发现观念本身都无法自足。因为在每个事件中有一定意义的观念，都必须代表着对实现过程起作用的某事物。因此，没有任何一个字眼能充分说明它。然而，相反地，又没有任何事物是可以不表达出来的。想想诗人笔下我们的具体经验，马上就会了解价值、成为价值、具有机制、本身成为目的以及成为事物本身的要素，这些要素对于最具体的实际事件来说，都没有任何理由可以省略。"价值"一词是我用来表示事件的内在实在的。价值是一种充斥在诗人的自然观中的要素。我们只需把人生历程中随处可见的价值转移到体现过程本身的脉络中去就行了。这就是华兹华斯崇拜自然的秘密。因此，体现过程本身就是价值的达成。

但是，并没有单纯的价值。价值是限制的产物。因此，确定有限的实有就是达成形态的选定模态。除了形成个体事实物质之外，又没有其他的达成。仅仅是混合所有，只会形成不确定的非实有。实在的救赎是其固执的、不能化约的、事实的实有。这种实有只限于他们自身。科学、艺术、创造性行为都不能脱离固执的、不能化约的、限制性的事实。事物持续在它自己保持住本身的确定达成方面具有意义。持续的事物都是有限制的、阻碍的、不容异己的，用本身的位态影响着环境。但是它并不是自足的。所有事物的位态都进入到它的本质之中。只有当它将找到其自身的那个更大的整体，整合进它自己的限制之中，才是它自身。反过来说，它只有在找到其自身的环境中放置其位态才是其本身。演化问题是价值的持续形态的持续和谐之发展，其融入到超越自身的事物的较高达成之中。审美的达成在体现过程的脉络中交织在一起。实有的持续代表着一个有限审美成就的达成，尽管如果我们超越其自身之外而看到它的外部效果时，它可能代表着一种审美的失败。即便从它内部来看，它也许也代表着低层次的成功和高层次的失败之间的矛盾。这个矛盾就是瓦解的预兆。

若要继续探讨持续客体的本质和它们的所需条件，将会涉及 19 世纪后半叶占据统治地位的演化理论。这次讲座我想努力澄清的观点是，浪漫主义复苏时期的自然诗是代表自然的机体观而发出的抗议，同时也是反对将价值排除到事实之外的做法。从这方面来看，浪漫主义运动可以被视为一百年前贝克莱抗议的复苏。浪漫主义的反作用浪潮是为价值而发出的一种抗议。

第六章 19 世纪

我上一讲的主要内容在于比较英国浪漫主义运动中的自然诗和 18 世纪流传下来的唯物主义科学哲学。我指出了这两种思潮完全不相合的地方。这次讲座将会继续概述客观主义哲学，它能在科学和人类基本直觉之间搭建一个联系的桥梁。人类基本直觉表现在诗歌中，以及在日常生活的前提中实际体现。随着 19 世纪的推进，浪漫主义运动开始偃旗息鼓。它并未消解，但是失去了思潮的清晰轮廓，并且分散在许多港湾，与人类其他利益结合起来了。这一世纪的信念有三个来源：第一个来源是浪漫主义运动，其表现在宗教复兴、艺术和政治抱负；第二个来源是为思想开拓新路的科学跃进；第三个来源是彻底改变人类生活条件的科学进展。

这些信念的每个来源都在先前的阶段有其起源。法国大革命本身就是浪漫主义受到卢梭影响后的第一个产儿。詹姆斯·瓦特（James Watt）在 1769 年取得了蒸汽机的专利权。整个 19 世纪，科学进展都是法国及法国影响的荣耀。

即便在这个时期早期，各种思潮互相作用，有合有分。但是直到 19 世纪，这三大主流才得到充分发展，并形成滑铁卢战役之后六十年间特殊的平衡特质。

让这个世纪区别于以往的特殊和新颖之处就是技术。这不仅是引入了几个伟大的孤立的发明，不可能不感受到其中涉及更多的东西。比如，文字是比蒸汽机更为重要的发明，但是如果追溯文字发展的连续历史，我们就会发现它与蒸汽机非常不同。我们当然必须将一些细枝末节和零星的预期放置一边，而把注意力集中在他们有效的阐释期间。因为时间的跨度实在是太大了。对于蒸汽机而言，发展的时间大概一百年；对于文字，则有一千多年。同时，当文字最终普及了以后，整个世界在技术上的下一步发展并不能预测。改变的过程是缓慢的、不知不觉的、预想不到的。

进入 19 世纪以后，这个过程开始变得迅速、能察觉和可预测。这个世纪的前半期是对待改变的新态度开始建立和被欢迎时期。这是一个充满希望的特殊时期，在这个意义上，六七十年后，我们现在能看出一种理想破没的基调，至少是焦虑的基调。

19 世纪最伟大的发明就是发明方法的发明。一种新的方法进入到人类生活中。为了理解我们这个时代，我们能忽略所有的改变细节，比如铁路、电报、无线电、纺织机、合成染料等。我们必须聚焦于方法本身。这才是破坏旧文明基础的新东西。弗朗西斯·培根的预言已经实现，他说，人有时梦想自己的身份是比天使稍逊，现在却认为自己既是自然的仆人，也是自然的主人。但一个演员能否扮演两个角色还有待观察。

　　这个整体的变化肇始于新的科学知识。科学，显然是一个实用理念的仓库，因为其更多地被认知的是它的结果而不是它的原理。然而，如果我们要理解这个世纪所发生了什么，那么将其喻为矿藏比仓库更为合适。并且，认为科学理念本身就是所需要的发明，只要拿起来使用即可，那可就大错特错了。其实在科学理念与实际发明之间，还存在一个构思设计的阶段。这种新方法的一个要素便是发现如何在科学理念和最终产品之间架设一个沟通的桥梁，这是一个有纪律地攻克一个又一个难关的过程。

　　现代技术的可能性首先在英国由兴旺的中产阶级变成现实。因此，工业革命从这起步。但是德国人明显找到了寻找科学矿藏更深矿脉的方法。他们抛弃了杂乱无序的治学方法。他们的技术学校和大学并不依靠天才的偶然闪光或是幸运思想的偶然迸发来取得进步。他们 19 世纪的治学成绩受到全世界的羡慕。这种知识训练能超越技术应用到纯科学中去，还能超越科学应用到一般的治学中去。它代表着从业余爱好者到专业工作者的转变。

　　总有一些人将毕生精力投入到特定的思想领域之中。尤其是律师和基督教教会的神职人员是这方面专业化的典型例子。但是直到 19 世纪，人们才自觉地认识到知识在一些部门中的专业化力量，知识对于技术进步的重要性，抽象知识与技术相连的方法以及技术进步的无限可能。这一切直到 19 世纪才首次办到了，而且主要是在德国。

　　过去，人们生活在牛车上，将来，我们将生活在飞机上，速度的变化达到了质的不同。

　　知识界的这种转变而造成的结果并不都是有利的。至少，尽管效率的提高是无可辩驳的，然而其中也暗含了很多危险。我将在最后一次讲座中讨论新形势对于社会生活的各种影响。现在只是说明这种有次序进展的新形势是这个世纪思想发展的背景。

　　这一时期有四个伟大的新观念被引入到理论科学中。当然，有大把理由将我名单上的数目增加到超过四个。但是我所坚持的观念，从最广泛的意义上讲，都是对于物理科学基础的建设意义非凡的。

　　它们其中的两个观念是对称的，我会把它们合起来考虑。我们将不会关心细节，而是关心它们对于思想的最终影响。第一个观念是：物理作用场充斥着所有空间，即便那里显然是真空也是如此。这一观念被很多人在很多形式下想到了。记得中世纪有一句格言：自然憎恶真空。并且，笛卡尔的漩涡说曾经在 17 世纪，似乎已在科学假设中得到确立。牛顿认为引力是由介质中发生的某种变化引起的。然而，总体来说，18 世纪并未运用这些观念。光线的传播使用牛顿的方式解释，是小的微粒在飞行，这当然就为真空留有了余地。数学物理学家都忙于推演万有引力理论的结论，而不去费心关心它的原因。即使他们思考了这个问题，也不知道如何去寻找这些原因。也有一些思索，但是意义都不大。因此，当 19 世纪开始时，物理显相充斥着整个空间的看法，在科学中并未获得实际的地位。这一看法的复兴得益于两大源泉。其一，托马斯·杨格（Thomas Young）和菲涅耳（Fresnel）光的波动说的成功。这一学说认为，空间中充满了能够产生波动的东西。因此，以太作为充满空间的精微质料被提了出来。其二，电磁学理论最终在克拉克·麦克斯韦手中假设了一种形式，即要求空间中充满了电磁显相。麦克斯韦的完整理论直到18世纪才成行。但是之前已经有很多伟大人物为其做了前期工作，比如安培（Ampère）、奥斯特（Oersted）、法拉第（Faraday）等。根据当时流行的唯物论观点，这些电磁显相也需要一个质料作为基础才能产生。因此以太就再次被需求了。接着，作为他的理论中直接的最初的果实，麦克斯韦论证了光波仅仅是电磁显相中的一种波，因此，电磁理论吞并了光的理论。这是一种极大的简化，没人怀疑其中的真理。但是就唯物论而言，却有一个不幸的结果。因为，就光本身而言，只需要一种有弹性的简单以太就足够了，但是电磁的以太必须具有产生电磁显相的性质。事实上，对于这些假定是显相基础的质料而言，这只是一个虚名。如果你不是主张某种形而上学理论而假定这样一种以太的存在，你便可以不管它。因为它没有独立的生命力。

因此在19世纪70年代，几种主要的物理科学都建立在假定的"连续"（continuity）理念的基础之上。但是另外，原子的观念已经由约翰·道尔顿（John Dalton）引入了，以便完成拉瓦锡在化学基础上的工作。这是第二个重要的理念。一般物质被认为是原子构成的，电磁效应被认为是在一个连续的场域中产生的。

这两大理念之间并没有冲突。首先，它们是对称的，但是，除非特殊的情况，它们之间在逻辑上是没有矛盾的。其次，它们应用到不同的科学领域，一个是化学，另一个是电磁学。并且，迄今为止，这两种观念合并的迹象还不明显。

物质的原子观具有悠久的历史。它马上就能让我们联想到德谟克利特(Democritus)和卢克莱修(Lucretius)。若说这些概念是新的，我也仅指它们相对而言是新的，这里谈及的是18世纪这些概念被确立下来，形成科学的有力基础这个阶段。考虑到思想史时，必须将决定时代的真正思潮与偶然出现的无意义的思想区别开来。在18世纪，每一个受过良好教育的人都读卢克莱修的书，而且也拥抱原子的理念。但是约翰·道尔顿让这些概念在科学思潮中起作用，并且在有效原子价的函数中成为一种新观念。

原子价的影响不仅仅局限在化学。活细胞之于生物学，正如电子和质子之于物理学。除了细胞和细胞群之外就没有生物现象。细胞理论与道尔顿的原子理论同时被介绍到生物学中，但是两者相互独立。这两种理论各自独立地体现了同一种原子论。生物细胞理论逐渐发展，只要仅列出一些日期和名字就可说明，生物科学，作为一个有效的思想体系，仅仅只有一百年的历史。1801年，比夏(Bichat)详细阐述了组织理论。约翰内斯·缪勒(Johannes Müller)于1835年描述了细胞，并说明了它们的本质和相互联系的事实。施莱登(Schleiden)于1838年，施旺(Schwann)于1839年最终确立了细胞的基本特性。因此，直到1840年，生物学和化学都建立在原子的基础上。原子论的最终胜利要等到这个世纪末电子说的出现。

思想背景的重要性也在这样一个事实中得到阐释：在道尔顿完成他的工作半个世纪后，另一个化学家路易斯·巴斯德（Louis Pasteur）借用了原子价的同样理念，进一步应用于生物学的领域。细胞理论与巴斯德的工作在某些方面比道尔顿的工作更具有革命性。因为他们将机体的观念引入到微生物的世界里。有一种倾向将原子作为仅能具有外部关系的最终的实有。这种想法在门捷列夫（Mendeleef）的元素周期律的影响下被打破了。但是巴斯德指出了机体理念在无穷小级①的决定性意义。天文学家向我们展示了宇宙有多大，化学家和生物学家向我们展示了宇宙有多小。在现代科学实践中有一著名的长度标准。它相当小，要取得这个长度，你必须将厘米分成一亿等份，然后取其中之一。巴斯德的机体比这个长度大多了。在原子方面，我们现在知道，这个长度对于某些机体而言还是大得不相符合了。

这一时期的另一对新理念都与转化或变化的理念有关，一个是能量转换理论，另一个是演化理论。

能量理论是说明变化之下量的守恒观念。演化理论是说明变化产生新机体的现象。能量理论属于物理学领域，演化理论属于生物学领域，尽管之前康德和拉普拉斯在讨论太阳和行星的形成时也曾触及过这个观念。

四大理念综合起来产生的效果对科学进步形成一股新动

---

① 原文为 infinitestimal，应为 infinitesimal。——译注

力，使得这个世纪的中期变成了科学成就的顶峰。眼光清晰的人，也是明显错误的那部分人，这时宣称：物理世界的秘密终于被揭穿了。只要你将不切实际的事物撇开，你的解释能力就是无限的。另外，思维混沌的人则将自己纠缠到最无法辩护的论点中去了，不顾决定性事实的学术上的武断，遭遇到倡导新方法的科学家的沉重打击。因此，除了技术革命所产生的兴奋之外，又加上了科学理论所揭示出的令人兴奋的景象。社会生活的物质和精神基础都在变化之中。到这个世纪最后二十五年，其灵感的三个源泉：浪漫主义、技术和科学都起了作用。

接着，几乎是突然发生了一个停滞时期。在最后的二十年，这个世纪以自从第一次十字军东征以来思想舞台上最无趣的场面之一而告终。这是 18 世纪的回声，但是却缺少伏尔泰和法国贵族们纵情潇洒的风度。这个时期是高效率的、无趣的、半心半意的，它仅祝贺专家们的成就。

然而，回望这一停滞时期，我们现在能分辨出改变的迹象。首先，现代系统研究的情况不容许出现绝对停滞。科学每一门分支都有非常实际的进步，而且确实是非常迅速的进步，尽管它仅限于各门科学已被接受的观念范围。这是一个正统科学胜利的时期，它没有被许多超越约定俗成的思想所干扰。

其次，我们现在可以看出，作为思想体系被用于科学中的科学唯物论，其实是不够完备的。能量守恒提供了一种新型的量的恒存。确实能量能被解释为附属于物质的东西，但是无论如何，质量的观念正在失去其独有的卓越性，不再是唯一终极恒存的量了。稍后，我们发现质量和能量的关系反转了，以至于质量现在变成了与某种动态效果相关的一定量的能量的名称。这一系列思想导致了一种观念，认为能量是基本的，取代了物质的地位。但是，能量仅仅是事件结构量方面的名称，简而言之，它必须依靠机体运行的观念。问题是，我们能在不涉及简单定位中的物质这一概念的前提下定义机体吗？稍后，我们还会更为详细地讨论这一点。

在电磁场方面也同样把物质推到幕后去了。现代理论预先假定了在这种场域中发生的某些事情不直接依靠物质。通常都以一种以太作为基础。然而，以太并没有真正进入到理论中。因此，质料的观念又一次失去了它的基础地位。同时，原子正将其自身转化为机体，而演化理论最终也变成了只分析各种机体形成与生存的条件。确实，在这后期有一个最重要的事实，那就是生物科学的进展。这些科学实质上都是有关机体的科学。在当时及现今，"较为完善的科学形式"这一美誉属于物理科学。因此，生物学便模仿物理学的样子。正统的观点认为，生物学只是复杂情况下的物理机械论而已。

这个观念目前的困难在于，其对物理科学的基础概念出现了一些混淆。与之相对立的活力论同样没能幸免。因为，在活力论中，机械论的事实是被接受的，我指的是以唯物论为基础的机械论，再加上一种解释生物体活动的活力控制。我们可以相当清晰地理解，各种似乎能应用到原子活动之中的物理定理，在目前已公式化的情况来看，不能做到相互配套。在其本源上，生物学援引机械论就是援引在表达所有自然现象的基础时确凿而自相协调的物理学概念。但是目前还没有这种概念体系。

　　科学正形成一种既不是纯物理学，也不是纯生物学的新面貌。它正在变成机体的研究。生物学研究较大的机体，而物理学研究较小的机体。这两大科学之间还有一种区别，生物学的机体将较小的物理学机体涵盖进来作为其组成部分，但是目前还没有证据表明，较小的物理学机体能被分析成组成机体。也许可以，但是无论如何，我们都会面临一个问题，即是否有一种不能进一步分析的原始机体存在呢？很难相信自然界可以无限制地分析下去。因此，一个抛弃了唯物论的科学理论必须回答关于原始实有的性质是什么这样的问题。在这基础上的答案只能有一个。我们必须从事件出发，把事件当成自然显相的终极单位。事件与一切存在都有关，尤其与其他事件有关。事件的这种混合性被那些永恒客体的位态所影响，比如颜色、声音、香气、几何特征等。这些永恒客体是自然所要求的，但不是从其中产生。如此一个永恒客体将成为某一事件的构成成分，而这一事件将以限制另一事件的外观、位态出现。位态之间存在相关性，位态也存在模式。每一个事件对应于两个这种模式，即将其他事件位态摄入到其自身统一体中的模式和其他事件各自分别将该事件的位态摄入到它们自身统一体中去的模式。因此，非唯物论的自然哲学将把原始机体看成某些特殊形态的发生态。这种特殊模式被摄入了真实事件的统一体中。如此的模式也会包含该事件被摄入其他事件，因为使其他事件受到修正或局部决定的位态。因此，一个事件存在内在和外在的实在。即在其自身摄入体中的事件和在其他事件摄入体中的事件。因此，机体的概念包括了机体间相互作用的概念。相对说来，一般科学中关于传输和连续的观念，是空间和时间中经验观察这些模式特征时所见到的细节。我在此所持的立场是，究其自身而言，一个事件的关系是内在的，那就是说，他们是事件本身的要素。

在上一章中，我们得出一个观点：实际事件是自为的达成，不同的实有由于在该模式中具有真正结合性，因而被摄入一个价值之中，并且排斥其他实有的过程。这不仅仅是不同的东西在逻辑上的结合。在这种情况下，我们可以修正培根的一句话："所有永恒客体都会彼此相似。"这种实在意味着每一个内在的本质，也就是每一个永恒客体所对本身，都关涉某一有限价值，这一价值以事件的姿态出现。但是价值的重要性各不相同，因此，尽管每个事件对于事件群都是必不可少的，但是其贡献的分量由它们本身的内在所决定。我们现在必须讨论这些性质是什么。经验观察显示，这个性质我们可以淡然地称之为保留、持续或重现。这种性质就是价值在实在的短暂中，恢复原始永恒客体所具有的自我同一。当事件作为一个整体重复一系列组成部分所表现的某种形态，则价值的特殊形态（或构造）在该时间内产生重现。因此，无论你如何根据组成部分在时间过程中的流变来分析事件，同一个自为的事物将在你的身后。也因此事件，在其本身的内在实在中，反映了体现在其整体内的同一模式价值从它本身的各部分所获得的位态。同时，还因此它在一个持续的个体实有的外貌下体现了自己，并在本身之中包含着自己的生命史。进而，这种事件反映在其他事件中的外在实在，也具有同一持续的个体特征，只有在这种情形下，个体特征是它的位态在组成环境的外界事件之中的重现。

具有一种持续的模式这种事件的全部时间延续，构成了它似真的现在。在这种似真的现在下，事件作为一个整体体现出来，同时，它也体现为自身各时段的许多位态的集合。同一种模式在整个事件中得到体现，这一模式由多个部分透过每个部分被射入到整个事件集合中的各部分位态展示出来。同样，同一模式的早期生命史也是通过它在整体事件中的位态展示出来的。因此，在这种事件中存在一种其本身占据优势地位模式的早期生命史的记忆，这种早期生命史本身在先前的环境中构成了一种价值要素。这个持续事实生命史内部的具体摄入体可以分析为两个抽象概念：一方面是持续实有作为真实事实而出现，而被其他事物影响了。另一方面是潜在的实现能力之个体化的体现。

对事件一般流变的考量导致对于潜在的永恒能量的分析，在这种潜在永恒能量中存在着一种对所有永恒客体领域的展望。这种展望是个体思想的基础，那些个体思想作为思想位态被摄入更精微更复杂的持续模式的生命史中。在永恒活动的本质中，存在着对一切价值的展望，这些价值通过永恒客体的真实集合获得，正如从理想状态中展望的一样。这些脱离任何实在的理想状态，是完全没有内在价值的，但是作为目的中的要素还是有价值。个体事件对于这些理想位态的个体化摄入所采取的形式，就是具有内在价值的个体化思维。这种价值的产生是因为思想中的理想位态和显相过程中的实际位态具有一种真正的集合。因此，没有价值可归因于这些潜在活动，如果它们脱离了真实世界的事实事件。

最后，综合这一系列思想，潜在活动如果脱离体现过程的事实，具有三种展望：首先是永恒客体的展望，其次是关于永恒客体综合时所具有的可能价值的展望；最后是对必然进入到总体状态中的实际事实的展望，这种总体状态在未来可能达成。但是如果永恒活动的抽象概念脱离了实际性，其本身也就失去了价值，因为实际性就是价值。从持续客体上产生的个体知觉将根据模式支配其自身道路，因而有个体深度和广度的不同。它可能代表着最微弱的波澜，用以区别一般的潜能。或者，走向另一个极端，它提升有意识的思想，这种思想包括，在自觉的判断之前，使得各种理想的集合中的状态所固有的价值的抽象可能性达到平衡。这两种极端之间的例子则围绕着个体知觉不自觉地展望某一直接的达成可能性而产生；这一达成可能性从可摄入的实际位态来看，代表着最近似于它本身的最近的过去的形态。物理定理代表着从这种独特决定原则中产生的发展的协调。因此，动力学中最小作用量原理占据主导，其中的详细特性需要从观察中获知。

物理科学中所讨论的原子性质料实有就是这些个体持续实有，它们被认为是只关心它们彼此在决定对方的生命史过程中的交互作用，而不关心其他事件的抽象概念。这些实有部分地是通过继承他们自身过去的位态而形成的。另外，部分地是由形成它们环境的其他事件的位态而形成的。物理学定律就是宣称这些实有之间是如何作用的定律。物理学中这些定律是任意的，因为这门科学已经抽象地脱离了实有本身的情况。我们已经看到实有本身的事实有受到环境修正的倾向。因此，若一种环境与这类物理定律能适用的环境有很大差别，而我们又认为同类定律在该环境下不必修正的话，那么我们的看法便有欠妥当。

就这些定律而言，物理实有可能将在很重要的方面进行修改。他们甚至有可能发展成更基本类型的个体特征，并具有更宽广的展望。这种展望可能达到一种或多种可选择价值之平衡的达成态，这些价值的选择实践超出物理定律之外，并且只能用目的来表达。除了这些遥远的可能性之外，还有一个直接的推论，即那些自身的生命史是更大、更深、更完整模式的生命史中的一部分的个体实有，它们更易于具有支配其自身存在的较大模式的位态，并更易于经历较大模式的修正，这种修正反映在这些个体实有自身上，就如同它们本身存在的修正一般。这就是机体机械论理论。

根据这一理论，自然规律的演化与持续模式的演化是协调一致的。因为宇宙现存的一般状态，部分决定了一些实有的本质，而这些实有的机能模态正表现为那些规律。总的原则是：在新的环境下，存在一种旧的实有变成新的实有的演化。

对于自然机体论整体的快速勾勒让我们能够理解演化论的主要要求。19 世纪末停滞时期所进行的主要工作，就是将这种理论吸收为指导科学所有分支的方法论。当时的许多宗教的思想家盲目反对这种新的理论，这也可以说是对急躁、肤浅思想的一种惩罚。尽管，事实上，彻底的演化论与唯物论并不相容。原始材料，或者唯物论哲学之起点的质料，是不可能能演化的。这种质料本身就是终极实体。在唯物论看来，演化被还原为另外一个词，用以描述物质各部分之间的外在关系的变化。这样一来，没有什么是可以演化的，因为一套外在关系和另一套外在关系之间区分不出优劣。可能仅仅只有无目的、无进步的变化。但是现代理论的整个观点在于说明先前较简单的机体状态向复杂机体的演化过程。因此，这个理论迫切需要一个机体概念作为自然的基础。它也要求一个潜在活动，也是实体的活动，表现在个别体现状态中，也在机体达成态中进行演化。机体是价值发生态的单位，是为本身而发生的永恒客体特征的真正结合。

因此，在分析自然本身特性的过程中，就会发现机体的发生态依存于一种近似于目的的选择活动。这个观点是，持续的机体在现在就是演化的产物，并且，在这些机体之外，并不存在能持续的东西。在唯物论看来，质料，如物质或者电是持续的。在机体论看来，唯一的持续是活动的机构，并且这种活动是演化的。

因此，持续的事物便是时间过程的产物，而永恒事物则是这种过程存在所需的要素。我们能以下列方式给持续下一个明确的定义：假设事件 A 充满了持续结构模式，那么 A 能被完全划分为在时间上连续的事件。假设 B 为 A 的一部分，即为划分 A 而成的一系列事件中的一个，那么持续模式是 A 统一体所摄入的完整模式中的一种位态模式，同时它也是 A 的任何一个时间片段，比如 B，所摄入的完整模式之一。比如，分子是一分钟产生的事件所展现的模式，同时也是这一分钟里任意一秒钟所产生的事件所展现的模式。显然，这种持续模式的重要可大可小。它可能表达一些个体化的潜在活动的某些细微事实，或者表现某些非常紧密的联系。如果持续模式仅仅从外在环境的直接位态中导引出来，反映在不同部分的看法之上，那么这种持续是一个不重要的外在事实。但是，如果持续模式完全从讨论当中的该事件各种时间片段的直接位态上导引出来，那么这种持续性便是一个重要的内在事实。它表现某种特性上的统一，统一了潜在的个体化活动。然后，便存在一个持续客体，对它自己和自然的其他部分都具有某种统一。让我们用自然持续性来描述这种类型的持续性。因此，自然持续性就是一个连续不断的继承过程，继承事件的历史过程中传递下来的某种特性的同一性。这种特性属于整个过程，以及这一过程中的每一事件。这恰好是质料的性质。如果它存在了十分钟，那么其存在于这十分钟的每一分钟，而且还存在于每一分钟里的每一秒。只要你把质料看成基本的，持续的性质就是自然秩序基础上的一个任意的事实，但是你如果将机体看作根本的，那么这种性质就是演化的结果。

　　第一眼看上去，好像一个自然客体具有了继承其本身的过程，就完全独立于环境了。但这个结论缺乏根据。假设 B 和 C 在这种客体的生命史中是两个连续的片段，并且 C 承接着 B。那么 C 的持续模式是从 B 那继承过来的，而且也是从其他类似的它生命中的早期时段继承下来的。这种客体通过 B 而传递到 C。但是传递到 C 的却是从 B 事件中引导出来的位态的完整模式。这些完整模式包括了环境对于 B 的影响，也包括了环境对这个客体生命史中其他早期部分的影响。因此，早期生命史中的完整位态，作为在生命史各个阶段一直持续的部分模式而被继承了下来。因而，有利的环境对于自然客体的维持十分重要。

自然，正如我们所知道的，包含着巨大的持续性。那里有一般物质的存在性。地质学家所知的最古老的岩石中，分子可能已经毫无变化地存在超过十亿年，不仅是它们本身没有变，而且它们之间的相对位置也没有变。在这个时间的长度中，以黄色钠光的分子振动频率来计算其脉动次数，次数大约为 $16.3 \times 10^{22} = 163000 \times (10^6)^3$。直到最近，原子看来还是不可再分的。现在我们比原来知道得更多了，但不可再分的原子已经被明显不可再分的电子和质子所替代了。

另一个需解释的事实是，这些事实上不可再分的客体为何如此相似。所有的电子之间都是极其相似的。我们无需超出证据的范围说他们是完全相同的。但是就我们的观察能力而言，并不能察觉任何的差异。与此类似，所有氢原子核都是相似的。我们也看到了大量类似的客体。这种现象非常普遍。看上去似乎一定程度的相似性是持续的有利条件。常识也得出这种结论。如果机制想要存在下去，就必须协调合作才行。

因此，演化机制的关键是必须有良好的演化环境，加上极其稳定的持续机制中特殊类型的演化。任何自然客体由于自身影响而破坏了自己的环境，就是自杀。

如果要进化有利环境以适应个体机体的发展，最简单的方式之一，就是每一个机体对环境的影响都有利于同类型的其他机体的持续。更进一步，如果机体有利于同类型其他机体的发展，你就取得了一种演化机制，适于产生上述已观察到状态中具有高度持续力的大量同类实有。因为环境自然地与"种类"同步发展，种类也与环境相适应。

首先提出的问题是，是否有直接的证据，证明有一种机制适合这种持续机体。在调查自然时，我们必须记住，它不仅仅有成分为永恒客体之位态的基本机体，还有由机体组成的机体。目前，为了简便起见，我们在不提任何证据的情形下假设，电子和氢原子核是这种基本机体。那么原子与分子便是较高形态的机体，它们也代表着一种紧密确定的机体统一体。但是当我们观察更大的物质集合时，有机统一体就退居到幕后去了，它看起来是微弱而基本的，它确实存在，但模式是含糊而不明确的，它仅是效果的集合。当我们观察生物时，模式的确定性又恢复了，机体特性也再次凸显了出来。因此，无机物的典型定律主要是从混合的集合上得到的统计平均值。他们远不能解释事物的终极性质，反而模糊和删除了个体机体的个体性质。如果我们要对有关机体的事实进行解释，我们必须研究个体分子和电子，或者个体生物。在两者之间，情况相当混乱。现如今研究个体分子的困难在于，我们对它的生命史知之甚少。我们无法将个体置于连续的观察之下。一般来说，我们所研究的只是分子的大集合。至于个体分子，有时伟大的实验者顶着重重困难匆匆瞥了所谓的一眼，这样也只是看到了瞬时效果的一种形态，因此，个体分子或者电子发生作用的过程大都是无法观察到的。

可是在生物方面，我们能追溯个体们的生命史。我们现在恰好找到这里所需要的那种机制。首先，这里存在着从同一种类中的个体繁殖物种的事。同时对于各族、各种或者果实种子的持续都周到地提供了有利的环境。

然而，显然，我已经将太过简单的演化机制进行了解说。我们发现生物的伴生种，互相提供有利条件。因此，正如同一种的个体之间互相有利于对方一样，伴生种之间同样互相有利于对方。我们也发现在电子和氢原子核上，存在共存的初步事实。那种成对共存的单纯性，以及与其他敌对种类的潜竞争性，说明了我们在氢原子核和电子间看到的巨大持续性。

因此，自然界发展的机构中包含了两个方面。一方面，存在一种既定的环境，机体必须加以适应。那个时期的科学唯物论就强调这个方面。用这种观点来看，存在一定量的质料，且只有极其有限的机体能利用它。环境的固定性支配了一切。因此，科学的结论便是生存竞争和自然选择。达尔文（Darwin）自身的著作在拒绝超越直接证据，和仔细保留每一个可能的假说方面，给所有时代都树立了一个楷模。但是这些优点在他的继任者中间并不明显，对于他的那些追随者而言，就更不明显了。欧洲社会学家和政治评论家的想象力都被只关注利益冲突方面所玷污了。那个时代流行的观念是：在决定商业和国家利益的行为时，抛弃伦理考量被视为极坚定的现实主义作风。

演化机构的另一面，也是被忽视的一面，可用"创生"（creativeness），机体可以创生它自己的环境。有鉴于此，单个机体几乎是孤立无助的。足够的力量的产生，必须要有机体合作的社群。在这种合作下，并且也与付出的努力大小相适应，环境将会产生一种可变性，这种可变性就将改变演化的整个伦理方面。

从不久的过去到现在，混沌的思想状态十分流行，科学技术的进步使得人类环境的可变性日益增强，但人们却用一种只在固定环境论中才能找到根据的思想习惯来解释这种可变性。

宇宙之谜并不如此简单。存在一种永久的位态，其中某种达成态永无止境地为了其自身的缘故而复现。同时存在变为其他事物的转变位态——其价值可能较高，也可能较低。另外还有斗争和友好帮助的位态。但是浪漫主义无情与浪漫主义自我克制一样都和实际的政治相隔太远。

第七章　相对论

在先前的几章中，我们讨论了导致科学运动的先行条件，并且把思想的进程从 17 世纪追溯到 19 世纪。在 19 世纪，就其汇集围绕科学的状况，思想史划分为了三个部分，首先是浪漫主义运动与科学的接触，其次是技术与物理学在 19 世纪早期的发展，最后是演化论加上生物科学的一般进展。

这三个世纪占据统治地位的是，唯物主义学说为科学概念提供了一个完备的基础。这方面实际上没有受到质疑。当波动的概念被需求时，作为波动质料的以太就被提了出来。为了展示这种说法的全部假定，我概括了另一种替代说法，即自然机体论。上一章中我已经指出生物学的进展、演化论学说，能源学说和分子学说等，都迅速破坏了正统唯物论的完备性。但是直到 19 世纪末，还没有人得出这个结论，唯物论仍然占据最高地位。

现在这个时代的情况是，关于质料、空间、时间和能量的说法十分复杂，而旧的正统假设的简单稳定性已经荡然无存。

显然，它们不会保持牛顿遗留下来的那种形式，也不会保持麦克斯韦遗留下来的那种形式，它们必须被重新组织。今日思想上出现的新形势，是因为科学理论超越了常识而引起的。18世纪所继承的是有组织的共识的胜利，它已经抛弃了中世纪的幻想和笛卡尔的旋涡说，结果充分发展了宗教改革时期的历史革命所产生的反理性潮流。这种看法的基础就在一般人肉眼可见，或者低倍显微镜所能看到的东西。它将需要测量的明显事物加以测量，将需要概括的明显事物加以概括。举例来说，它概括重量和体积的一般观念。18世纪初期具有一种平静的信心，认为无意义的说法已经被抛弃了。今天，我们却走到了思想的另一个极端。天晓得今天看起来还是无意义的事物明天会不会被证明是正确的。我们其实是在重复19世纪早期的某些情况，只不过是在更高的想象力水平上而已。

我们的想象力水平更高并不是因为我们有着精巧的构想，而是因为我们拥有了更好的仪器。在科学上，过去四十年发生的最为重要的事情便是仪器设计的进展。这种进步有一部分应归因于少数的天才，例如迈克尔逊（Michelson）和德国的光学专家。同时也应归因于制造业，尤其是冶金领域技术过程的进步。设计者现在可以掌握大量的不同物理特性的材料。因此，他能依赖于取得他所需要的材料，并将这些材料在极小的容许极限内打磨成他所希望的形状。这些仪器已经将思想带入到一个新的高度。一种新的仪器就如同服务于这一目标的一次外国旅行，它显出事物的新奇组合。收获不仅是添加了一些东西，而是引起了一种转变。实验方面精巧设计的进展，也许也归因于更大部分的国家能力流向了科学事务。不管原因如何，精微而设计精妙的实验在上一代人中层出不穷。结果是，在自然领域中积累了大量的信息，这些自然领域远离人类日常经验。

有两个著名的实验，一个是伽利略在科学运动最初做的，另一个则是迈克尔逊利用他著名的干涉仪，在1881年首次做，接着在1887年和1905年两度重复做的。这两个实验都说明了我的主张。伽利略从比萨斜塔的顶部丢下两个重物，证明了不同重量的物体，只要被同时丢下，将会同时着地。就实验的技术和仪器的精密程度而言，这个实验可在先前五千年的任何时间做。这个实验只包含了重量和落下的速度，这在日常生活中非常熟悉。这一整套想法也许对于克里特国王弥诺斯（King Minos of Crete）一家而言非常熟悉，当他们从海岸边高高的城垛里将小圆石扔向大海时就可能知道这一套想法了。科学是从日常经验的组织中开始的，这一点非常值得注意。只有这样，它才会欣然与历史性革命中的反理性主义的偏见结合起来。它不追求终极的意义，而只是将其自身限制在探讨那些规范系列明显显相的关联上。

迈克尔逊的实验就不可能在更早的时期内做出来，它需要技术上的一般进步，和迈克尔逊本身在实验上的天资。它考虑的是地球在以太中运动的决定性，以及它假设光是由波组成的，这种振动的波在以太中以一种固定的速度向四面八方传播。当然，地球也在以太中运动，迈克尔逊的仪器则随着地球而运动。在仪器的中心有一道光被分开了，以至于其中的一半沿着仪器的方向走了一段给定的距离之后，再由仪器上的镜子反射回中心。另一半则与前一半成直角地穿过仪器走同样一段距离后，也被反射回中心。然后，这些重新组合的光线被反射到仪器的屏幕上。如果事先采取了措施，那么你就会看到干涉带，也就是黑色的线。这是由于两半道光电射到屏幕上某一部分时，路程的长度发生了小小的差别，因此一道光的波峰填充了另一道光的波谷。这种路程上的差别将会受到地球运动的影响。因为最后是以太中路程的长度作数，因此，既然仪器是随着地球运动，一般光线的路程将会被地球运动的影响而受到干扰，这与另外一半光线不同。设想你自己在火车车厢里行走，先沿着火车接着穿越火车各走一截。并且在铁轨上将你的路程记录下来，在这个比喻中，铁轨就相当于以太。现在地球的运动对于管线来说，太过于迟缓。因此，在这个比喻中，你必须设想火车几乎停滞下来了，但是你却移动得非常迅速。

在实验中，地球运动的效应会影响到干涉带在屏幕上的位置，如果你把仪器转动一个直角，地球运动在这两半道光的效应将会交换，干涉带的位置也会移动。我们可以计算出这个由于地球围绕太阳公转而产生的微小移动。也由于这个效应，我们必须加上太阳通过一台运动仪器所产生的效应。仪器的精密可以被测量，而且它也可以证明，这些移动的效应大到通过这些仪器可以观察出来。现在的问题是，事实上什么也观察不到，如果你将仪器转过来，那么就不会产生任何移动了。

得出的结论是：要么地球在以太中静止，要么这个实验解释所赖以存在的基本原则出错了。显然，在实验中，我们与国王弥诺斯的孩子们的游戏想法距离很远。以太、以太波，干涉，地球通过以太的运动，迈克尔逊的干涉仪等理念与我们一般的经验相去其远。尽管他们距离疏远，但是比起广为接受的对于这个实验无用结果的解释，还是要简单和显著得多。

这个解释的根据在于，科学中所运用的空间和时间的理念太过于简单化了，必须加以修正。这种结论是对常识的直接挑战，因为早期的科学只是在一般人的一般想法上加以精炼而已。除非能得到其他许多观察的支持，这些在此我们不需要细谈，如此一个激进的观念重组将不会被人接受。某种形式的相对论看上去是解释许多事实的最简单方式，否则，这些事实每一个都需要一些特别的解释。因此，相对论并不仅仅依赖于导致其本身产生的实验上。

这些解释的中心思想是，每一个仪器，例如实验中所运用的迈克尔逊的仪器，必然会记录光速对于仪器本身而言具有同一固定的值。我的意思是彗星上的干涉仪和地球上的干涉仪都会记录出结果，说明光速相对于这两种仪器来说具有同一个值。显然这是充满矛盾的，因为光会以一个特定的速度穿越以太。因此，两个物体，例如地球和彗星，以不同的速度通过以太，那么可能可以预计，它们相对于光来说也具有不同的速度。举个例子，假定两辆汽车在路上行驶，分别以每小时 10 英里和 20 英里的速度前行。同时另一辆车以每小时 50 英里的速度从它们身旁驶过。那么这辆最快的车将以每小时 40 英里的相对速度驶过其中一辆，以每小时 30 英里的相对速度驶过其中另外一辆。这种情形运用到光上就是，如果我们用一束光替换那辆最快的车，那么这束光沿着道路的速度就会和它相对于其超越另外两辆车的速度相同。光速极快，每秒大约三十万千米。我们必须对于空间和时间具有某些观念，以使得速度具有某些这种特殊的性质。由此，我们对于速度的所有观念必须改变。但这些观念是我们关于空间和时间的习惯观念的直接产物，所以我们还是回到原先的那个论点上，在当前对于空间和时间的说明中，我们忽略了某些东西。

现在我们习惯的基本假设是，空间和时间都具有一种独特的意义。以至于对于地球上的仪器而言，空间关系被赋予了什么意义，那么对于彗星上和在以太中静止的仪器而言，也必须赋予同样的意义。在相对论中，这一点被否定了。就空间而言，如果你想一想相对运动的明显事实，就不难同意这一说法。但是基本如此，意义的变化也比常识所认定的程度深刻得多。同样的要求也对时间提出了。因此，计算事件的相对排名和事件间的时间间隔时，将会随着地球上的仪器，彗星上的仪器与以太中静止的仪器的不同而有所不同。这对于我们容易轻信的头脑而言是一个更大的压力。我们不必继续深究，只需得出结论就好：对于地球和彗星而言，由于它们呈现出的条件不同，所以空间性和时间性对于他们来说就有了不同的意义；因此，速度对于两者来说也具有不同的意义。因而，现代科学的假定是：如果一个事物对于一个空间和时间的意义而言具有光速，那么对于其他空间与时间的意义来说便具有同样的速度。

这对于古典科学唯物论而言是一个沉重的打击，古典科学唯物论预先假定了一个确定的现在瞬时，且一切物质在现在瞬时中都同时实在。在现代理论中，并没有这样一个独特的现在瞬时,你能在整个自然界为同时瞬时的这一观念找到意义,但是对于不同的时间观念来说就具有了不同的意义。

有一种趋势喜欢将这种新理论赋予极端主观主义的解释,认为空间和时间的相对性被解释成似乎依赖于观察者的选择。其实如果方便了解释,那么加入观察者便是完全正当的。但是我们所需要的是观察者的身体,而不是他的心灵,甚至他的身体也只是被用来作为一个非常常见的仪器。整体来说,我们最好将注意力集中于迈克尔逊的干涉仪上,而不考虑迈克尔逊的身体和心灵。问题是,为什么干涉仪会在屏幕上有黑带,又是为什么当仪器转动时这些黑带并不轻微移动。新相对论将空间和时间空前地连接起来了。其假定空间和时间在具体事实上的分割可以通过不同抽象概念的模态来达成,同时也得出不同的意义。但是每一种抽象概念的模态都将注意力引导向自然界中的某种东西,因此便将其分离出来以便于思考。关于实验的事实是:干涉仪和许多在自然实有中成立的时空关系之体系中的一种有关。

我们现在要求哲学对于空间和时间在自然界中的地位给我们一个解释,以便各种不同意义的可能性能被保留。本系列讲座并不适合详细阐释细节,但是仍然不难指出到哪里去寻找空间和时间区分的起源。我预先假定的是自然机体论,之前我已将其概述为彻底客观主义的基础。

事件就是将位态模式摄入统一体。一个事件在其本身之外的有效性,在于它的位态参与形成其他事件的摄入统一体。如果被反映的模式只是附属于作为一个整体的事件,那么除了几何形状的系统位态之外，这种有效性是微不足道的。如果模式在事件的连续各部分持续下来，并且在整体中显示出自己，以至于事件成为模式的生命史，那么，事件便由于这持续的模式而获得了外在的有效性。因为其本身的有效性被连续部分的相似位态加强了。事件组成一种模式化的价值，具有本身各部分内在的持续性。正是由于这种内在的持续性，该事件对于环境的修正才显得重要。

正是这种模式的持续性使得时间与空间区别开来。这种模式在空间上表现为现在，并且这种时间上的决定构成了它对各部分事件的关系。因为它在自身生命过程的空间部分的时间连续上被重复地生产出来。我的意思是：时间次序的这种特殊规则允许模式在其历史的每一个时间片段重复地生产出来。也就是说，每一个持续客体在自然中发现并要求自然给予一个原则，将空间和时间区分开来。除开持续模式的事实，这个原则也许存在，但却是潜在而又微不足道的。因此，空间对于时间的重要性，以及时间相对于空间的重要性，在持续机体的发展中得到了发展。持续客体表示空间在事件成分的模式上与时间发生了分化。反过来说，空间在事件成分模式上与时间的分化，表达了事件对持续客体的"共体容忍性"（the patience of community）。共体没有客体可以存在，但是没有对它们具有特殊容忍性的共体，持续客体就不可能存在。

这一点绝对不能误解。持续性意味着，一个模式如若呈现在一个事件的摄入体中，那么也会展现在该事件按照特定规则区分的各部分的摄入体中。整个事件的任一部分将和整体一样，产生出同样的模式，这肯定不是真的。举个例子，不妨考虑下人体在一分钟的生命过程中所表现出的整个身体模式。某一大拇指在这分钟内必然是整个身体事件的一部分。但是这个部分的模式仅仅是大拇指的模式而不是整个身体的模式。因此，持续性要求一个确切的规则来取得各部分。在上述例子中，我们能立即看出这个规则是什么。在这一分钟的任一部分，比如一秒钟或者十分之一秒，你都必须从整个身体的生命上着眼。换而言之，持续的意义在于预先假定了时空连续中一段时间的意义。

现在一个问题产生了，是否所有持续性客体将空间区分于时间时，都具有同一个原则？或者说，是否一个客体在其生命史中的不同阶段，在分化时空时可能存在不同？直到几年前，人们还毫不犹豫地假定，能被找到的只有一个这样的原则。因此，从时间相对于某一客体的持续性来看，就将与相对于另一客体的持续性具有同一意义。紧接着，空间关系就会只具有一种意义。但是现在看上去，客体能被观察到的有效性只能这样解释，这种解释假定，相对运动状态中的客体，在其持续性上所运用的空间和时间的意义，是随客体而不同的。每一个持续客体都被认为停留在其自身专属的空间中，它在运动中所通过的任何空间都不是其特殊持续性所固有的。如果两个客体相互之间是静止关系，那么为了表达它们的持续性，它们使用空间和时间的同一个意义。如果彼此是在相对的运动中，则空间和时间即不相同。因此，如果我们能看到一个物体在其生命史的某一个阶段相对于其生命史的另一个阶段做运动时，那么这个物体在两个阶段使用了空间的不同意义，相应地也使用了时间的不同意义。

在机体论的自然哲学中，没有什么在主张单一时间区分的旧假设和主张多种时间区分的新假设之间起决定作用。这仅仅是从观察中取得证据的问题。①

在前面的一讲中，我提到一个事件具有与它同时发生的其他事件。这是一个有趣的问题：在这种新的假设下，是否可以不限定某一确切时空的看法而继续这么说呢？在某一时间体系或者两个事件同时发生的情形下，这是可能的。在另一时间体系下，尽管同时发生的事件可能部分重合，但却不是同时的。类似的，如果在每一时间体系下，某一事件处于另一事件之前，那么它就可以无条件地处在前面。显而易见的是，如果我们从一个给定的事件 A 开始，其他事件一般情况下就将分成两类：一类无条件的与 A 同时，另一类要么在 A 之前，要么在 A 之后。但是此外还有一类，就是将这两类连接起来的事件。这里我们有一个临界的案例。你们还记得我们有一个临界速度必须要说明，即光在真空中的理论速度。② 你们也会记得不同时空体系的运用意味着客体的相对运动。当我们分析了某一套事件对于任何给定事件 A 的临界关系时，就找到了我们所需要的临界速度的解释。我暂且按住细节不表，显而易见的是，精确的陈述需要加入点、线和瞬时才行。几何学的起源也要求讨论。举例来说，长度的测量、线条的直、平面的平，以

---

① 参见拙作：《自然知识原理》，第 52；3 节。

② 不是光在重力场或者在分子和电子的介质中的速度。

及垂直度等。这些我已经在关于广延抽象的书中论及了，但是在当前场合下，他们太过于技术了。

如果距离的几何关系并没有确定的意义，显然，万有引力定律则需重新阐释。因为表达这一定律的公式是，两个微粒之间的引力等于其质量的乘积乘其距离的平方的倒数。这一说法其实默默地假设了当引力被考察的那一瞬时具有确定的意义，其距离也具有确定的意义。但是距离只是一个纯粹的空间观念，以至于在新的学说中，将根据所采取的时空体系而有各种不同的意义。如果两个微粒是相对静止的，那么我们可以满足两者都在使用的时空体系。不幸的是，当它们并不是彼此静止的时候，这个说法就没有给出应采取什么步骤。因此，这一定律有必要被重新加以制定，以便使得它不预先设定任何特殊的时空体系。爱因斯坦做到了这一点。自然地，结果也变得更为复杂。他将纯数学中的某些方法引入数学物理之中，使得公式可以独立于任何特殊测量系统。新的公式引入了很多牛顿定律所没有的小的效应。但是从主要的效应上看，牛顿定律和爱因斯坦定律是一致的。现如今，爱因斯坦定律被用于解释水星轨道的不规则，而这是牛顿定律所不能解释的。这是对新理论强有力的确认。奇怪的是，根据多种时空体系的理论，存在不止一个既能包含牛顿定律又能解释水星运动特质的公式。在它们之间进行选择的唯一方法，必须等到各公式发生差异的那些效应得到实验证据之后才能决定。自然界可能完全漠不关心数学家的审美偏好。

仍需说明的一点是，爱因斯坦可能将会拒绝刚刚我向你们详细介绍的多种时空体系。为了解说他的公式，他使用了时空扭曲(contortions of space-time)改变了度量性质不变的理论，以及每一历程都有专属的时间的说法。他的叙述方式更具有数学的简洁，并且只允许一种引力定律，排除了其他选择。但是，就我而言，我仍无法将其和关于同时性的经验事实及其空间排列相协调。并且还存在其他更为抽象特性的困难。

我们现在知道的事件之间关系的理论首先建立在一种学说之上，这种学说认为事件的关联性就其本身而言完全是内在关联。尽管在其他关联对象不仅如此。举个例子，其中牵涉的永恒客体便只和事件具有外在关联。为何一个事件只能在其本身所在的地方找到，并且出现它本身所出现的情况，内在关联给出了理由。也就是说，它处于一套确切的关系之中。因为每一个关系都进入到事件的本质里，以至于离开了这个关系，事件将不能成为其本身。内在关联观念正是这种意思。通常往往会普遍认为，时空关系是外在的。这种学说在这里遭到了否定。

内在关联的概念包含了将一个事件分成两个因素的分析。一个是个体化的潜在实体活动，另一个是位态的复合体——进入给定事件本质中的关联性复合体——这个位态的复合体通过个体化活动进行了统一。换而言之，内在关联的概念要求将实体的概念作为把关系综合进自身的发生态特质中去的活动。事件之所以是事件，因为它把各种关系综合到本身之中去了。这些相互关系的一般体系是一个抽象概念，其预先假定每一个事件为一个独立的实有，事实上并非如此，然后再问这些构成关系还有哪些剩余部分假借外在关联而存留了下来。这种全面表现的关系体系，变成了事件复合体的体系，这其中有些是整体与部分的关系，有些是各部分在一个整体中连接起来的关系。即使如此，内在关系，还是迫使其自身停留在我们的注意力中，因为部分显然是全体的组成要素。同时，一个孤立的事件在事件复合体中失去了它的位置，就相当于被事件的本质所排斥掉了。因此，整体对于各部分具有组成作用。也因而关系的内在特性确实透过抽象外在关联的全面体系展现了出来。

但是，广延而又可分的实际宇宙的展示，抛开了空间和时间之间的区别。事实上也抛开了体现的过程。这个体现过程就是各种事件借以成为其自身的综合活动的调整。因此，这个调整便是潜在活动实体的调整，这些实体由于这种调整而展现出自身的个体化或者斯宾诺莎唯一实体的模态。这个调整同时也引入到时间过程中。

因此，在某种意义上，时间，在综合体现过程的调整特性上，是超越了自然的时空连续范围的。① 在这个意义上，时间过程并不必然由一条单线式的连续过程组成。因此，为了满足当前科学假说的需要，我们将引入一个形而上学假说，说明时间不是这么组成的。我们根据直接观察假定，体现的时间过程可以被分析为一群线性连续的过程，每一个这种线性连续的过程都是一个时空体系。为了支持这种确定的连续过程的假设，我们诉诸：(1)在我们体外并与我们同时存在的广袤宇宙透过感觉的直接呈现；(2)感性认知领域之外对于现在直接发生什

---

① 参见拙作：《自然的概念》(Concept of Nature)，第三章。

么现象的问题的理智理解；（3）发生态客体的持续性中所包含的物体的分析。客体的持续性中包含了现在所体现之模式的展示。这种展示是事件固有模式的展示，同时也是将自然的时间片段展示为永恒客体的增添位态。或者，相当于说是永恒客体使事件获得位态。这种模式一进入到事件的本质之中，就为了事件的收益在整个时间延续内空间化了。事件是时间延续的一部分，即本身固有位态所展现出的其中的一部分。反过来说，延续是与事件同时发生的整个自然界，这里的同时是在上述意义下的同时。因此，一个事件在体现其自身时展现出一个模式，这个模式要求一个确切的延续，而这一延续又是由有确定意义的同时性所决定的。这种同时性的每一种意义都将如此表现的模式和一确定的时空体系关联起来。时空体系的实际性是由模式的体现组成的；但是它固有的存在于事件的一般体系中，构成它对体现的时间过程的容忍性。

值得注意的是，模式要求的延续牵涉到一个确定长度的时间，而不仅仅是一个瞬间。这种瞬间是更为抽象的，因为它只表示具体时间之间的某种连接关系。因此，延续就空间化了。空间化意味着延续是被实现的模式构成事件特性的场域。延续，作为其本身所包含的某一事件实现时所体现的模式之场域，便是一个时期，或滞留期。而持续则是模式在一系列事件中的重现。因此，持续要求一系列的延续，每一个延续各自表现模式。由于这缘故，时间就从"广延"和"可分性"中分离出来了，其中可分性产生于广延的时空特征。因此，我们不能继续将时间看成广延性的另一种形式。时间是纯粹的时期性延续的

连续，但是由此而互相承接的实有则是延续。延续就是在给定
事件中模式体现时所需求之物。因此，可分性和广延性都存在
于某一给定的延续中。时期性延续不是通过连续的可分的各部
分体现的，而是随着各部分产生的。在这种方式下，芝诺(Ze-
no)可能会对康德的《纯粹理性批判》(*Critique of Pure Reason*)
中的两段文字连起来的真实性提出的反对，由于抛弃了前一段
而解决了。我谈到的这两段文字都来自"直观的公理"这一节
中，前面一段来自"广延的量"，后一段来自"强度的量"。后一
小节总结了有关广延的和强度的量之一段讨论，第一段的原文
如下：

> 我把各个部分的表象在其中使整体的表象成为可
> 能(因而必然先行于整体的表象)的那种量称为一种广
> 延的量。一条线，无论它怎样短，如果不在思想中画
> 出它，也就是说，不从一个点产生出所有的部分，并
> 由此记录下这一直观，我就不能表象它。任何时间，
> 哪怕是极为短促，也都同样是这种情况。在其中我只
> 是思维从一个瞬间到另一个瞬间的相继进展，由此通
> 过所有的时间部分机器增添最终产生出一个确定的时
> 间量。

第二段是：

> 就量而言没有任何部分是可能最小的部分(没有
> 一个部分是单纯的)，这种属性就叫作量的连续性。
> 空间和时间是连续的量，因为不将它们的部分包围在

界限(点和瞬间)之间，它们的任何部分都不能被给予，即它本身又是一个空间或者时间。因此，空间只能由众多空间构成，时间只能由众多时间构成。点和瞬间只是界限，也就是说，纯然是限制它们的位置；但位置在任何时候都以它们应当限制或者规定的那种直观为前提条件，纯然以位置为还在空间或者时间之前就能够被给予的成分，用它们既不能组合成空间也不能组合成时间。①

如果"时间和空间"是广延性的连续，我就完全同意第二段引文，但这种说法与康德的前任互不相容。因为芝诺反对说这里包含了一个无止境的循环论证。每一部分的时间包含着其本身更小的部分，如此不断循环往复下去。这一系列的往复最终将会追溯到无。因为开始的瞬间是没有延续的，只标记着与更早时间的连接。因此，时间是不可能成立的，如果两段文字都被接受的话。我是接受第二段而抛弃第一段的。体现就是时间在广延领域内的实现。广延是事件的复合体，而复合体是作为事件的潜力而存在的。在体现过程中，潜力变成了现实。但是潜在的模式需要延续。并且延续必须通过模式的体现展现为一个时期性的总体。因此，时间就是可分的和连接的要素本身的连续过程。延续，变成时间性的延续时，就引起某种持续客体的体现。时间化就是体现过程。时间化并不是另一种连续过

---

① 引文参见《纯粹理性批判》，李秋零译，中国人民大学出版社，2004：p.179，184。

程，它是一种原子化的连续。因此，时间是原子式的（即一个一个时间的），尽管时间化的东西是可分的。这种学说是从事件的学说和持续客体的本质中推导出来的。在下一章中，我们将探讨它与科学界最新出现的量子理论的关系。

值得注意的是，时间的时期性特征并不依赖于现代相对论学说，如果抛开相对论学说，它同样成立，甚至还更为简洁。它真正依赖的是事件的内在特质的分析，此时时间被看作是最具体的有限实有。

回顾这段论述，首先值得注意的是作为其依据的康德的第二段引文，并不依靠任何康德的特别学说。第二段引文是与柏拉图相符合而反对亚里士多德的。① 其次，这段论述假定了芝诺了解自己的论述，他应该反对的是关于时间的流行观念，而不是反对运动，运动关涉时间和空间之间的关系。因为，一切实现之物都有延续。但是没有延续可以实现，直到其本身部分的更小的延续已经先行成为现实（根据康德的前一种说法）。同样的论述也能应用于这些更小的延续之中，并一直循环往复下去。同时，这些延续的无限往复的过程归集于无，甚至符合亚里士多德的观点，认为并不存在第一瞬间。因此，时间将成为非理性的观念了。最后，在时期说中，芝诺的困难被解决了，其将时间化看作完整集体的体现。这种机体是一个将整个时空连续的时空关系（自身之内和自身之外）都包括在其本质之中的事件。

---

① 参见《希腊人中的欧几里得》一书中关于"点"的注解，T.L. 希斯（Heath），剑桥版。

第八章　量子论

　　相对论引起了人们的极大关注，它虽十分重要，但却不是近来主要引起物理学界兴趣的论题。这个地位无疑地被量子论占据了。这个理论中有趣的地方在于，根据这种说法，某些可以渐增渐减的效应实际上都是以一些明确的跳跃方式增减的。这好像是说，你能每小时走三英里或四英里，但却不能走三英里半。

　　上述效应牵涉分子受到碰撞时被激发的发光现象。光是由电磁场中的振动波组成的。当一个完整的波经过既定的一点时，那一点上的一切东西便又恢复了原状，准备接受随之而来的下一个波。你不妨设想一下大海里的波，数一数一个接着一个的波峰。在一秒之内通过既定的一点的波的数量就是这一波动体系的频率。具有确定频率的光波体系就相当于光谱中的一定颜色。当一个分子被激发时，它便以几种确定的频率振动。换句话说，分子振动有一套确定的方式，而每一个方式都有一个确定的频率。每一种振动方式都能在电磁场中激起与它本身频率相同的波。这些波带走了振动的能量，所以，当这些波形成之后，分子也就失去了激发的能量，随着波就停止了。因此，分子可以辐射出具有一些确定颜色的光，也就是说，可以辐射出具有确定频率的光。

你们也许会认为，每种振动方式都可以被激发到任何强度，因之，这种频率的光便可以带走任何量的能量。但事实并非如此，似乎有一种最小量的能量是不能被再分的。这情形好比下列情形：一个美国人用美金付款时，无法把分币再分成更小的单位来支付他所获得的最小分量的货物。分币就相当于最小量的光能，获得的货物就相当于激发原因的能量。这种激发原因要么就强到能得到一分钱的能量的发射，要么就根本得不到任何能量的发射。在任何情况下，分子都只能发射整分币数的能量。我们可以用一个英国人来解释一个更深层级的特征。这个英国人用英国货币来付款，他所使用的最小的单位是便士，便士的价值与分币是不同的。非常粗略地估计，一便士事实上相当于半分币左右。在分子中，不同的振动方式具有不同的频率。我们不妨把每一种方式都比作一个国家。将一种方式比作美国，将另一种比作英国。有一种方式只能辐射整分币数的能量，故而一分币的能量便是它所能付出的最小量；另一种方式只能辐射整便士数的能量，故而一便士的能量便是它所能付出的最小量。此外，我们也可以找出一个法则来计算一种方式中的一分币的能量与另一种方式中的一便士的能量的相对价值。这一法则简单得连小孩都能明白：每个最小钱币的能量所具有的价值与该方式的频率严格成比例。根据这一法则来比较便士与分币，一个美国人的频率将约为一个英国人的频率的两倍。换句话说，一个美国人在一秒之内所做的工作约为一个英国人的两倍。这是否与两国人的美好性格对应，就留给大家来判断了。我还要提出一点，太阳光谱的两端都被认为有一定作用。有时人们需要红光，有时则需要紫光。

我希望量子论关于分子的叙述是不难理解的。迷乱的情形是由把这个理论硬套到科学上关于原子与分子内部情形的一般描述中而引起的。

唯物论的基础是：自然界中发生的事情应当用物质的空间运动来解释。根据这一原理，光波要用物质性的以太的空间运动来解释，而分子的内部情况则必须用单独的物质性的组成部分的空间运动来解释。关于光波方面，物质性的以太已经退到后面一个不确定的地位上去了，并极少被谈及。但这一原理被应用到原子上时，它未被怀疑过。例如，一个中性的氢原子被认为至少是由两团物质组成的：一团是由正电的物质所组成的原子核，另一团是一个单个的电子，它是负电。有迹象表明：原子核的结构是复杂的，可以再分为更小的物质团——有些是正电物质团，有些是电子物质团。这个假设的意思是：原子中不论发生什么振动，都应归结到可以从其余物质上分离出来的一小片物质的振动式的空间运动。根据这种假说，量子论的困难就在于：我们必须把原子描绘成具有有限数目的确定的凹槽，这些凹槽是振动发生的唯一轨道；然而，古典科学的描述却没有这些凹槽。量子论所要求的是路线有限的有轨电车，而科学的描述却只能提供在原野里奔驰的马。其结果是物理学上的原子理论很像哥白尼以前的天文学上的本轮论。

根据自然机体论，存在两种完全不同的振动：一种是振动式的空间运动，一种是振动式的机体变形。这两种变化的条件在性质上是不同的，换句话说，一种是整个模式的振动式的空间运动，另一种是振动式的模式变化。

机体论中的完整机体对应于唯物论中的质点，存在一种原始的属，它包含若干种机体，每个被属于原始的属中的种所包含的原始的机体，都不可分解为次极的机体。我将这种属于原始的种的机体称为原始体，可能存在许多不同种的原始体。

我们必须记住现在谈论的是物理学的抽象概念。所以，我们现在不会思考作为来源于具体位态的摄入的一个模式的原始体本身是什么；也不会思考就它被摄入的具体位态而言，它与被摄入的环境的关系是什么。我们正在思考的这些不同的位态，仅仅就它们对模式和空间运动的影响而言，是能够用时—空关系来表达的。因此，用物理学的语言来说，一个原始体的位态只是它加到电磁场中去的东西。实际上，这正是我们所知道的关于电子与质子的一切。对我们说来，一个电子仅是它的环境中的位态的模式，那些位态与电磁场相关。

现在讨论相对论的时候，我们可以看出，两个原始体的相对运动仅意味着它们的机体模式正在利用不同的时—空系统。假如两个原始体不继续处于相对静止中或不继续做相对的同一运动，那么它们当中至少有一个正在改变它的内在的时—空系统。运动定律所说明的是影响这些时—空系统的条件。振动式的空间运动的条件便是以这种普遍的运动定律为基础的。

但是，有几类的原始体在导致时—空系统改变的条件下常常发生分裂。这些种类将仅仅经历长期的连续性，如果它们成功地形成了不同种类的原始体之间的有利的联合，以至于在这种联合中分裂的趋势被联合的环境中和。我们可以设想，原子核是由大量不同种类的原始体组成的，其中有些原始体属于同一种类，整个联合便有利于稳定。带正电的原子核和带负电的电子组成中性的原子便是这种联合的例子。中性的原子像这样就隔绝了电场。在其他情形下，电场会引起原子的时—空体系的变化。

物理学的要求提供了一个与机体哲学非常配合的概念。我用以下这个问题的方式提出了这个概念：持续性的机体论是不是受到唯物论的熏染，以至我们可以毫无疑问地认为持续性必然意味着有关的生命史中的始终不分化的同一性呢？也许你会注意到：我在前一章中把"重现"当成"持续"的同义语使用。显然，这两个字的含义并不完全相同，现在我要指出，重现与持续性发生区别的地方，正是重现更接近机体论的要求的地方。这种差别正好相当于伽利略派人物和亚里士多德派人物之间的区别：亚里士多德说"静止"的地方，伽利略正好加上"或者是直线均速运动"。因此，在机体论中，模式不一定要在时间过程中维持不分化的同一性。模式可能在本质上是一个审美的对照，需要一段时间来展示自己。音调就是这样一种模式。因此，模式的持续便意味着对照的连续重现。这显然是机体论中最普遍的持续概念，"重现"也可能是最直接地表达这一概念的字。但是，当我们把这个概念转化为物理学的抽象概念时，它立刻就变成了关于"振动"的专门概念。这种振动不是振动式的空间运动：它是振动式的机体变形。近代物理学中有人提示，我们需要振动实体以解释以物理界为基础的微粒机体的作用。这种微粒就是从原子核中被排斥出来时所看到的那种微粒，排出后就化为了光波。我们也许会猜想，这样一个微粒单独存在时，它的持续性是不稳定的。因此，一个不利的环境使它固有的时—空体系发生了迅速的变化。换句话说，这种环境把它冲击得具有猛烈的加速度，使它分裂并化为同一振动周期的光波。

一个质子（或许一个电子）都可能是这种原始体互相叠加的组合。当这种原始体被冲击得具有移动的加速度时，其频率与空间维数就能提高有机综合体的稳定。稳定性的条件将使质子可能具有周期性的联合。对原始体的排斥来自一个冲击力，这个冲击力使得质子要么变成另一种组合，要么在其所获得的能量的帮助下产生一种新的原始体。

一个原始体的振动式机体变形必然具有确定的频率，故而在分裂时就能分解为同一频率的光波。然后，这些光波将其平均能量全部携走。作为一个特殊假说，不难想象出具有确定的频率的电磁场的驻波振动。这种驻波围绕着一个中心往复辐射。根据公认的电磁定律，这个中心将包括一个振动的满足某一套条件的球形核和一个满足另一套条件的振动的外场。这就是机体振动变形的例子。根据这一特殊假说进一步来说，有两种决定辅助条件的方式可以满足数学物理学的一般要求。根据其中的一种方式，全部的能量便可以满足量子条件，因此，它便包含着整数的单位或分币，而原始体的每一分币的能量则与其频率成正比。我还没有把稳定性或稳定组合的条件描述出来。我提到这个特殊假说时，只是举例说明自然机体论使我们有可能重新考虑基本的物理定律，而与此相反的唯物论则不能如此。

在这种振动原始体的特殊假说中，麦克斯韦方程式应该适用于所有的空间，包括一个质子的内部空间。这些方程式表示了在振动的方式下产生和吸收能量的定律。每个原始体所经过的全部过程都产生某种本身特有的、与其质量成比例的平均能量。事实上，能就是质量。原始体的内外都有振动的辐射能量流。原始体内，电的密度作振动式的分布。根据唯物论，这种密度就标志着物质的存在。但根据机体振动论，这种密度则标志着能量在振动的方式下产生。这种产生方式只限于原始体的内部。

所有的科学都必须对其所研究的事实作最后的分析，并将关于这种最后分析的假定作为出发点。这些假定由于符合我们直接看到的各种形式的显相而被部分地证明，也由于它能不用特殊假设而用一定程度的普遍性来表示被观察到的事物而被部分地证明。上面概述的原始体振动的一般理论只是举例说明机体论对物理科学提供了什么样的可能。关键是，除了增加了单纯的空间运动的可能以外，这一理论还增加了机体变形的可能。光波就是机体变形的重要例证。

任何世纪的科学假说，当它们表现出本轮说的这种症候，都将站不住脚。天文学在 16 世纪时从本轮说的状态中被解放出来，现在，物理学正表示出了这样的症候。为了重新考虑它的基础，它就必须回到关于真实事物的性质的更具体的观点上去，必须把它的基本概念看作从这种知觉中得出的抽象概念。物理学正是以这种方式来探讨它摆在眼前的修改的一般可能性。

量子论所提出的不连续性要求修改物理学的概念以便配合这些不连续性。尤其说来，以下这点已经被指出：我们需要一种解释不连续存在的理论。我们所要求于这样一个理论的东西是：一个电子的轨道可以被看作一系列分离的位置，而不是一条连续的线。

上述的原始体或振动模式的理论加上前一章所说的时间性与广延性的区别，刚好得到这个结论。大家将会记得：事件综合体的连续性来自广延性的关系。然而，时间性则来自一个模式在主体事件中的体现，这个模式的展现需要将整个延续过程以事件中的位态所赋予的方式空间化（即滞留）。因此，体现便是以一系列时期性的延续来进行的；而延续的转变（即机体变形）则是在已经提出的延续之内实现的。振动式的机体变形实际上就是模式的重现。一整段的时间就是完整的模式所需要的延续。因此，原始体便是原子式地在一连串的延续中体现的。每一个延续都应从一个极点到另一个极点来加以量度。因此，当原始体被作为一个完整的持续的实体来看时，它便将连续地分配在这些延续上。如果把它当作一个东西，它的轨道便由一系列的分离点概略地展现出来。因此，原始体的空间运动在时间与空间中是不连续的。如果深入到时间量子（即一系列原始体的振动周期)之下，我们就会发现一系列振动的电磁场，每一个电磁场在其本身的延续的时—空内都是稳定的。每一个这样的场都表现出一个单独的、完整的电磁振动周期，这种振动构成了一个原始体。这种振动不能被认为是实在的体现；它只能被认为是一个不连续的体现状态中的原始体。同样，相继的各延续——原始体在其中得以体现——是连接的；因此，原始体的生命史可以表现为显相在电磁场中的连续发展。但这种显相是以占据一定时期的、整个原子式的团的方式体现的。

没有必要在这种意义(所有的模式都必须在同一系列的延续中体现)上，理解时间是原子式的。首先，纵使有两个原始体的周期相同，体现的延续可能还是不同。换句话说，两个原始体可能异相。如果周期不同，那么一个原始体的任何一个延续周期中的原子就必然会被另一原始体的延续周期的边界瞬间所再分。

原始体的空间运动的定律说明了，在什么条件下原始体将改变其时—空体系。

我们不必继续深究这个概念了。振动存在的概念的证明必须是纯粹实验式的。这个例子说明了下面这一点：这儿所采取的宇宙观与物理学方面所提出的不连续性的要求是完全符合的。如果我们认为时间化是一系列时期性的延续的体现，那么芝诺的难题也就可以避免了。我们在这儿赋予这个概念的特殊形式，只是被用来说明问题的；在适用于实验物理学的结果以前，它必须被重新拟定。

第九章　科学与哲学

在这一章中，我想谈谈科学对近代几个世纪中的哲学思潮的反应。这几个世纪正是我们讨论的主题。我并不打算在一次讲演中将近代哲学的历史压缩式地讲完。我所要讲的只是科学与哲学在本系统讲演所讨论的思想体系中的接触。因此，我们将撇开整个德国唯心主义思潮不谈。因为就相互修正对方的概念而言，这种思潮与同一时期的科学之间并没有有效接触。这个思潮起源于康德。康德的思想中充满了牛顿的物理学，也充满了伟大的法国物理学家如克莱罗（Clairaut）①等人——这些人发展了牛顿的物理学——的理论。然而，那些发展了康德学派思想或者把康德学派思想变成黑格尔主义的哲学家们，不是

---

① 关于康德的科学读物的有趣证据，参见康德：《纯粹理性批判》（*Critique of Pure Reason*）中"经验类推"中的"第二类推"。在这一节中，康德提到了毛细血管的作用。这是完全不必要的繁杂说明；拿桌上的一本书作例证就足够了。但是，这个主题被克莱罗在其《地球的外形》（*Figure of the Earth*）一书的附录中第一次充分地讨论了。康德显然读了这个附录，而且他的思想充满了这一主题。

缺乏康德的科学知识背景，就是缺乏康德的那种成为伟大物理学家的潜力。（如果哲学没有占据康德的主要精力，他可能会成为一个伟大的物理学家。）

近代哲学的起源与科学的起源相似，而且是同时的。发展的总趋势是在 17 世纪确定的，部分就是在那些建立科学原理的人手中确定的。始于 15 世纪的过渡时期刚过去，目标就确定了。事实上，那时存在一种欧洲精神的总思潮，这种思潮中伴随着宗教、科学和哲学思潮。简单地说，这就是承继中世纪之思想形态的那些人直接复苏希腊灵感的源泉。因此，希腊思想并没有复苏。时代不是从死的东西中复活的。使希腊文明获得生命力的美学原理和理性原理都披上了近代思想的新衣。在两者之间还有其他宗教、法律系统、无政府状态、种族传统等，这些把活的和死的隔开了。

哲学对以上所说的区别非常敏感。因为你可以制作出一个古代雕像的复制品，但绝不可能制作出古代思想的复制品。思想与思想的复制品的关系很像假面舞会与实际生活之间的关系。人们对古代可能有所理解，但是古代和近代对于同一刺激的反应却是不同的。

就哲学这种特例而言，其色调的区别停留在表面上。近代哲学带有主观主义色彩，以反对古人的客观主义态度。在宗教中也可以看到同样的变化。在基督教教会的早期历史中，神学的兴趣主要集中在讨论上帝的性质、道成肉身的意义以及启示录对世界最后命运的预言。在宗教改革时期，教会由于信徒对"称义"问题的个人经验的讨论而发生了分裂。个别的经验主体

代替了现实的全貌。路德问："我如何称义?"近代的哲学家问:
"我如何获得知识?"这两个问题的重点都是经验的主体。这种
观点上的转变是由基督教指导信徒团契的工作所造成的。因为
一个世纪又一个世纪以来,它都坚持个人灵魂的无限价值。于
是,除了人类物质欲望的本能的自私观念,它还为理智见解上
的自私观念附加了一种正当的本能感觉。每个人都是他自身价
值的天然卫士。毋庸置疑,近代的这种注意方向强调最高价值
的真理。例如,在实际生活领域中,它废除了奴隶制,并在一
般人思想中留下了基本人权的观念。

笛卡尔在他的《方法论》(*Discourse on Method*)和《第一哲
学沉思集》中,以最清晰的方式揭示了日后影响近代哲学的一
般概念。存在一个接受经验的主体:在《方法论》中,这个主体
总是以第一人称的方式被提及——就是笛卡尔本人。笛卡尔从
把自己当成一种思想开始阐述。这种思想由于意识到了自身所
固有的感官表象与思想表象,故而意识到了自身作为一个统一
实体的存在。接下来的哲学史便围绕着笛卡尔的有关主要论据
的说法发展。古代世界的立足点是整个宇宙现象,近代世界的
立足点则是灵魂的内在现象。在《第一哲学沉思集》中,笛卡尔
明确地把这种内在现象的存在建筑在错误的可能性之上。它可
能与客观事实没有对应的关系,因此,必然存在一个活动的灵
魂,它的实在性只能从其本身导引出来。例如,他在《第一哲
学沉思集》之第二篇中说:"但是有人将对我说:这些现象是假
的,我是在睡觉。就算是这样吧;可是至少我看见了光,我听
见了声音,我感觉到了热,这总是千真万确的吧;真正来说,

这就是在我心里叫作在感觉的东西，而在正确的意义上，这就是在思维。从这里我就开始比以前稍微更清楚明白地认识了我是什么。"①他又在《第一哲学沉思集》之第三篇中说："就像我刚才说过的那样，即使我所感觉和想象的东西也许不是在我之外，而在它们自己以内的。然而我确实知道我称之为感觉和想象的这种思维方式，就其仅仅是思维方式来说，一定是存在和出现在我心里的。"②中世纪和古代世界的客观主义传入到科学之中来了。在那里，自然被认为是自为的，并包含着自身的交互作用。最近在相对论的影响下，出现了走向主观主义的趋势。但是，除开近来的这种例外情况，在科学思想中，自然在制定其自身的规律时，毫不依赖个别的观察者。然而，对待科学的新旧两种态度还是有这种区别。近代的反理性主义否定了所有将终极的科学概念与从全部现实界更具体的观察中得到的概念调和起来的尝试。物质、空间、时间以及各种关于物质变形的规律，都被当作最后的冷酷的事实，无须再研究。

这种反对哲学的态度，对于科学和哲学两者都是十分不利的。在本讲中，我们谈的是哲学。哲学家是理性主义者。他们都在试图深入到无情且不能化约的事实后面去：他们希望用普遍原理来解释进入事物流变中的各种细节的相互关系。他们也

---

① 引自维奇（Veitch）的译本。此处直接使用了庞景仁先生的译文。参见笛卡尔：《第一哲学沉思集》，庞景仁译，北京：商务印书馆，1986：28 页。——译注

② 此处直接使用了庞景仁先生的译文。参见笛卡尔：《第一哲学沉思集》，庞景仁译，北京：商务印书馆，1986：33 页。——译注

寻求能够消除纯粹武断论的原理，以便在假定或给定任何一部分事实之后，其他事实的存在就将符合理性的某种要求。他们要求探讨意义。用亨利·西季威克（Henry Sidgwick）的话来说："哲学的主要目的就是把理性思维的所有部分完全地结合并清晰地联系起来。任何哲学只要对构成伦理学主题的重要判断与推理置之不问，它就无法实现这一目的。"①于是，物理科学与社会科学对历史怀有偏见，并拒绝在某种终极思想机制之下合理地推理，这就将哲学排斥出了近代生活的现实潮流。哲学丧失了其经常批判片面理论的作用。由于被科学排斥出了物质的客观领域，所以哲学退回到了精神的主观领域。因此，17世纪的思想发展过程才与来自中世纪的、被提升的个体人格意识结合起来。我们看到笛卡尔以他的哲学所向他保证的终极精神为立足点，并追问终极精神与他的科学所假定的终极物质（在《第一哲学沉思集》第二篇中所举的例子是人体和一块蜡）之间有何关系。现在，既有亚伦的杖，又有术士的蛇。唯一的哲学问题就是：谁吞没了谁？或者两者快乐地生活在一起（正如笛卡尔所想的那样）。属于这一思潮的学者有洛克、贝克莱、休谟和康德。而斯宾诺莎和莱布尼茨这两个伟大的思想家，则在这一思潮之外。但是，这两个人的哲学对科学都没有什么影响。斯宾诺莎由于保存了较老的思想方法，莱布尼茨由于其单子论的新奇，他们似乎都走向了极端而越出了哲学的安全界限。

---

① 亨利·西季威克：《回忆录》，附录1。

哲学史和科学史出奇的类似。对两者来说，17 世纪都为它们的后继者搭建了舞台。但在 20 世纪，一种新的活动出现了。若是将思想潮流中的一般转变归因为某一篇文章或某一个作者，那便夸大其词了。不容置疑，笛卡尔只是用一种肯定的方式将已经出现在他那个时代的东西明确地表达出来而已。同理，若是认为威廉·詹姆斯（William James）开创了哲学上的一个新阶段，我们就忽视了他那个时代的其他影响力。然而即便如此，比较他的论文《意识是否存在》（*Does Consciousness Exist*，1904）和笛卡尔的著作《方法论》（1637），还是有一定的好处的。詹姆士清除了使用旧行头的舞台，或者说完全改变了舞台的灯光。我们不妨从他的论文中引用两句话为例："直截了当地否认'意识'的存在，从表面上看来是如此荒唐，以至于我担心一些读者将不愿意看下去了。无可否认，'思想'诚然存在。因此，我亟须解释一下，我只是否认这个字代表着一种实体，但我坚决强调这个字代表着一种机能。"科学唯物论和笛卡尔的自我同时遭到了挑战：一个遭到了科学的挑战，另一个遭到了以詹姆斯及其心理学上的前辈为代表的哲学的挑战。这双重挑战标志着延续了大约 250 年的这段时期的结束。当然，"物质"与"意识"都代表了日常经验中非常明显的事实，任何哲学都必须提供一些能适应两者的意义的东西。但问题是：17 世纪关于这两个问题的解决方法假设了一个前提，这个前提现在遭到了挑战。詹姆士否认意识是一种实体，但承认意识是一种机能。因此，对于理解詹姆士对旧的思想方法所提出的挑战而言，一个实体与一种机能之间的差异是至关重要的。在上述论文中，詹姆士充分讨论了其本人赋予意识的性质。但是，他并没有解释清楚他是在何种意义上使用实体一词的，这种意义是他拒绝赋予意识的。在上述引文后面紧接着就有这样一段话："我的意思是：质料或存在的性质是构成实体和我们关于实体的思维的东西，除此以外没有其他的原始质料或存在的性质。但是，在形成思维的经验中有一种机能。为了产生这种机能，就形成了存在的性质。这种机能就是知（knowing）。事物不但存在，而且当其被反映到心灵中时还会被感知。为了解释这一事实，'意识'便是不可或缺的。"这样，詹姆士就否认了意识是一种"质料"。

无论是"实体"这个词还是"质料"这个词，都不能充分表明其本身的含义。"实体"是一个十分宽泛的概念，可以意指所有能被想到的东西。你不可能一点儿东西都没有想到，而你所想到的对象就可以被称为一个"实体"。在这种意义上，一种机能就是一种实体。显然，这并不是詹姆斯所想到的实体。

在这一系列讲演中，我一直在试探性地提出自然机体论理论（the organic theory of nature）。为了符合这一理论，为了我自己的目的，我将把詹姆斯的学说解释成刚好否定了笛卡尔在《方法论》和《第一哲学沉思集》中所说的东西。笛卡尔区分了两种实体，即物质和灵魂。物质的本质是空间的广延；灵魂的本质则是它的思维。这儿的思维是在笛卡尔所赋予的充分意义下的思维。例如，在《哲学原理》第一部分的第 53 节中，他说："每一个实体都有一个主要的属性，如思想就是人心的属性，广袤就是物体的属性。"在第 51 节中，他说："所谓实体，我们只能看作是能自己存在而其存在并不需要别的事物的一种事物。"①接着，笛卡尔又说："比方说，任何实体不能持续就不能存在，除开在思维中，持续是不能和实体分离的……"因此，我们可以得出这样的结论：对于笛卡尔说来，精神和物体的存在，除开本身以外，不需要任何其他的东西（上帝是唯一的例外，因为他是万物的基础）；精神和物体都是持续的，因为没有持续性它们将不再存在；物质的本质属性是广延；精神的本质属性是思维。

　　在其《哲学原理》中讨论这些问题的全部章节中，笛卡尔展现了他那无可估量的天才。这既配得上他那个时代，也配得上法国人明晰的才智。笛卡尔区分了时间与延续，将时间建筑在运动之上，将物质与广延紧密结合起来。通过这些，笛卡尔预先提出了——在他那个时代可能的范围内——一些由相对论原理提出或柏格森的"创造性进化"的某些方面提出的现代概念。但是，他的基本原理事先假定了独立存在的实体，这种实体在时间延续的共体中具有简单的位置。如果这个实体是物体，则是在空间广延的共体中具有简单的位置。这些原理直接引导出被思维的心智所考察的唯物机械性的自然论。17世纪之后，科学掌控了物体的自然，而哲学则掌控了思维的心智。一些哲学派别承认一种终极的二元论；各种唯心主义学派则主张自然仅是心智的思维作用的主要体现。但是，所有哲学派别都承认笛卡尔对自然的终极要素的分析。说到近代哲学的主要思潮来

　　　① 此处直接使用了关文运先生的译文。参见笛卡尔：《哲学原理》，关文运译，20页，北京，商务印书馆，1958。——译注

源于笛卡尔时，我将斯宾诺莎和莱布尼茨排除在外了，虽然当时这两个人受了他的影响，并且反过来，他们也影响了其他的哲学家。我现在主要思考的是科学与哲学之间的有效接触。

科学与哲学两个领域的划分不是一件简单的事情，事实上，这说明了这种划分以之为基础的死板前提所具有的弱点。我们所感知的自然是物体、色、声、臭、味、触觉以及其他身体感觉交互作用的结果。这种交互作用在空间中表现为被介于它们之间的体积互相隔离的并具有个体形式的模式。同时，这个整体是一种流变，其随着时间的推移而变化，这样系统化的整体，作为事物的一个综合体展示在我们面前，但 17 世纪的二元论直接越过了这一点。当时科学上的客观世界仅限于单纯的有广延的物质，这种物质在时间与空间中具有简单的位置，并且在空间运动方面受特定规律的支配。哲学上的主观世界则把色觉、声觉、嗅觉、味觉、触觉、其他身体感觉结合在一起，构成了个体心灵的思维的主观内容。这两个世界都分享着总的流变，但是笛卡尔把被度量的时间看成是观察者心灵的思维作用。显然，这一体系存在一个致命的弱点，通过把实体（例如颜色）作为注视的终点提在心灵之前，心灵的思维展示了其自身。但在这一理论中，这些颜色终究只是心灵的装饰品。于是，心灵似乎被局限于它自己的私有的思维世界中了。经验中主客体的完全符合，作为心灵自有的一种激情存在于心灵之中。从笛卡尔的论据中所得出的结论成为贝克莱、休谟、康德他们各自之学说体系的起源。在他们之前，洛克也集中注意到了这一点，并认为这是至关重要的问题。因此，如何真正获得有关科学的客观世界中的知识，就成为了头等重要的问题。笛卡尔说客观物体通过知性被感知。他在《第一哲学沉思集》第二篇中说：

　　所以，我必须承认我甚至连用想象都不能领会这块蜡是什么，只有我的理智才能够领会它。我是说这块个别的蜡，因为至于一般的蜡，那就更明显了。那么只有理智或精神才能领会的这块蜡是什么呢……要注意的是对它知觉，或者我们用以知觉它行动，不是看，也不是摸，也不是想象，从来不是，虽然它从前好像是这样，而仅仅是用精神去察看……①

　　必须注意的是：在它的古典用法中，拉丁字"观察"与理论的概念是相联系的，但与实践却是对立的。

　　现在，近代哲学的两大任务清楚地摆在了我们面前。关于心灵的研究分成了心理学（或者称之为关于心理机能本身及其相互间的关系的研究）和认识论（或者称之为关于共同客观世界的认识论）。换句话说，一种研究把思维当成了心灵的激情，另一种研究把思维当成了对客观世界观察的前导。这是一种很不妥当的分法，曾经引起了不少的迷惑。在 17 世纪以后的几个世纪里，充满了对此问题的研讨。

　　只要人们用物理概念来思考客观世界，用精神概念来思考

<hr>

　　①　此处引文使用了庞景仁先生的译文。参见笛卡尔：《第一哲学沉思集》，庞景仁译，30～31 页，北京，商务印书馆，1986。——译注

主观世界，就可以将笛卡尔对问题的提法作为出发点。但是，生理学的兴起破坏这两者之间的平衡。17 世纪，人们从物理学研究走向了哲学研究。19 世纪末期，人们从生理学研究走向了心理学研究，在德国尤其如此。这种研究基调的转变是决定性的。当然，在早期，人体的干预作用受到了充分的重视。例如，笛卡尔的《方法论》之第 5 部分就是如此。但是，生理本能说还未发展。在思考人体时，笛卡尔是以物理学家的方法来思考的，但现代的生理学家则具有医学生理学家的思想。威廉·詹姆斯的事业就是有关这种观点之转变的例子，他也具有清晰而敏锐的天才，这使得他能很快地指出分歧点。

我为什么要把笛卡尔和詹姆斯并列起来，现在原因就显而易见了。他们两人都没有以提出一个问题的最终解决方案来结束一个世纪。他们的伟大功绩属于与此相反的另一种类型。他俩每个人都以清晰的概念体系开创了一个世纪。在当时特定的知识水平阶段，思想都极其便于用他们的概念体系来表达。他们一个开创了 17 世纪，另一个开创了 20 世纪。在这方面，他们可以比之于圣托马斯·阿奎那。阿奎那代表着亚里士多德的经院哲学的鼎盛时期。

在很多方面说来，笛卡尔和詹姆斯都不是他们各自那个时代最典型的哲学家。我应该将此地为分别赋予洛克和柏格森，至少就他们与他们那个时代的科学的关系来说应该如此。洛克发展了使哲学不断前进的思想进路，例如：他强调求证于心理学。他开创研究有限范围内的迫切问题的时代。毫无疑问，他这样做使得哲学沾染了某些科学上的反理性主义。然而，富有成效的方法论的基础应当从那些清晰的假定出发，这些假设在有关问题的范围内必须被认为是终极的。因此，对于这种方法论上的假设的批判，就留待其他时机进行。洛克发现笛卡尔遗留下来的哲学状况涉及认识论和心理学方面的问题。

柏格森将生理科学的机体概念引入了哲学。他最完全地脱离了17世纪的静止的唯物主义。他对空间化的抗议就是抗议不把牛顿的自然观看成一个高度的抽象概念。必须从这个角度来理解他所谓的反理性主义。在某些方面，他回溯到了笛卡尔，但他的这种回溯伴随着对现代生物学的本能把握。

将洛克与柏格森联系起来，还有另一个理由。在洛克的思想中，可以找到自然机体论的种子。吉布森（Gibson）教授——最近解释洛克思想的人——说，洛克认为自我意识的同一"如生物机体的同一一般，他的这种想法真正超越了体现在合成论中的自然和心灵的机械观"。① 但是，需要注意的是：首先，洛克对这一论点的理解是摇摆不定的；其次，更为重要的是，他只把这一观念应用到自我意识上。生理学观点尚未建立起来。生理学的影响使得思想退回了自然。神经学家首先沿着身体上的神经追溯刺激的效应，接着便追溯神经中枢的整合作用，最后追溯投射到体外的反应，使恢复兴奋的神经产生一种运动的效果。在生物化学中，身体各部分为保存整个机体而发生的化学构成上的精微调整被发现了。因此，心理的认识被看

---

① 参见吉布森的著作，《洛克的认识论及其历史关系》（*Locke's Theory of Knowledge and its Historical Relations*），剑桥大学出版社，1917。

作整体的内省经验，将这个整体作为一个事件的统一体时所具有的一切报告给这个整体。这个统一体是其局部发生的事件的整合，不是这些局部事件的数字般的集合。作为一个事件，它具有其本身的统一体。作为一个自为的实体，这个总的统一体就是把整个事件的模式化位态包容到统一体中的过程。它所具有的关于其自身的知识源自于它本身与位态被它包容的事物之间的关联。它将世界看作一个互相关联的系统，故而将其自身看作在其他事物之中的反映。更为特别的是，这些其他事物包括他自己躯体的各个不同的部分。

将持续的躯体模式、充满持续模式的躯体事件、躯体事件的各部分区分开，非常重要。躯体事件的各部分本身就被它们自己的持续模式所填充。这种持续模式构成了整个躯体模式中的要素。躯体的各部分确实是整个躯体事件的环境中某些部分，但它们联系得如此紧密，以至于它们相互在对方中存在的位态对于修正对方的模式特别有效。这是源于整体与部分之间关系的密切性。因此，躯体既是环境的一部分，同时这部分也是躯体的环境之一。只是彼此对于对方的修正都十分敏感，这种敏感性存在的方式是：部分调整自身以保存躯体模式的恒定。这便是有利的环境可以保护机体的一个特殊例证。部分与整体的关系的特殊相互性是伴随机体概念而来的。在这种相互性中，部分是为了整体的；但这一关系统治了整个的自然界，并非从高级机体的特例开始。

进一步说，如果将这个问题看作一个化学问题，那么就不用通过它与完整生物机体的模式的特殊关系来解释一个生物体中的每个分子的作用。诚然，每个分子都受到了这种模式的位态的影响，因为这种模式的位态反映在每个分子中。如果把分子放在其他地方，情况就将与现有的情况不同。同理，在某些环境下，电子可能呈球形；而在其他环境下，电子则可能呈椭圆形。就科学而言，探讨这个问题的方式只问：分子是否在生物体中展现了一些在无机的环境中不会被观察到的性质？同理，软铁在磁场中所展现的磁性，在其他任何地方都展现不出来。生物体具有灵敏的自卫功能；当我们的意志做出某种决定之后，我们的躯体也会发生某些物理作用。这都说明躯体中的分子因为整体模式而改变了。看来可能存在一种物理定律，它说明当终极基本机体以足够紧密的模式构成高级机体的部分时发生了怎样的改变。然而，如果躯体整体与其部分之间的位态的直接影响是微不足道的，这种改变就可能与经验观察到的环境作用完全呼应。我们应该期待影响的传播。在这种方式下，整个模式的改变就将通过一系列逐渐缩小的部分的一系列改变而传播开来。最后，细胞的改变就会改变它在分子中的位态，于是引起了分子（或更细微的实体）中相应的改变。因此，生理学的问题便是具有不同性质的细胞中分子的物理学问题。

　　现在，我们可以看清心理学与生理学和物理学的关系了。个人的心理领域只是从它本身的观点出发所看到的事件，这个领域的统一体就是事件的统一体。但是，这仅是作为单个实体的事件，而不是作为各部分的总合的事件。各部分之间的关系（包括部分之间以及部分与整体之间的关系）是彼此在对方之中存在的位态。在一个外在的观察者的角度，躯体是整个躯体的位态的结合，同时也是各部分的综合。在外在的观察者看来，形状的位态和感观对象是主要的，至少对于认识来说是如此。但我们还必须估计到我们有可能在自己身上看到高级机体的思维活动的直接位态。有些人说，对于他人的思维活动的认识只能从形状的位态和感观对象间接地推论出来，根据这种有机哲学看来，这一说法是完全没有根据的。基本原则是：任何进入现实的东西都将在每个个体事件中建立自己的位态。

进一步来说，甚至就自我认识而言，我们自己的躯体的诸部分的位态也部分地采取了形状的位态与感官对象的形式。但是，与认识的思维活动相联系的那一部分躯体事件本身就是统一的心理领域。它的诸构成部分不涉及事件本身，它们是这事件之外的事物的位态。因此，躯体事件所固有的自我认识是把自身当作一个复合统一体的认识。这种复合统一体的诸构成部分包括所有的存在于它本身之外但受它本身位态模式的范围限制的实在。所以，我们自身就是将我们之外的多种事物统一起来的一种机能——这就是我们对自己的认识。认识显示出事件是一种活动，这种活动将不同的事物真正组织起来。然而，这个心理领域并不依赖它的认识，所以其仍然是脱离它的自我认识的一个统一事件。

于是，意识将是一种认识的机能。但已知的事物已经成为这个真实宇宙的诸位态的一个摄入。这些位态就是互相修正的其他诸事件的位态。在位态的模式方面，它们处于互相联系的模式之中。

组成模式本身的原始资料是形状、感官对象和其他诸永恒客体的位态。这种永恒客体的自我同一并不依赖事物的流变。不管这些客观在何地进入一般流变，它们都解释诸事物，以一个事物解释另一个事物的方式。在这里，它们存在于感觉者身上；但是，当它们被感觉者感觉时，它们就把感觉者之外的整个流变中的某些东西传达给感觉者。主客关系就是从这些永恒客体的双重作用中产生的。它们是对主体的修正，但只是当它们传递宇宙共体中其他诸主体的位态时，它们才具有这种性质。因此，任何主体都不具有独立的实在，因为任何主体都是其本身之外的诸主体的有限位态的一种摄入。

　　"主—客"这一专业术语对于在经验中显示出现的基本状态说来，是一个很糟糕的术语。其实这仅是亚里士多德"主词—谓词"的遗物。它已经事先假定了各种主词受到自身谓词限制的形而上学理论，这就是具有自身的经验世界的主体的理论。如果承认这一点，我们就无法逃脱唯我主义。问题在于："主—客"一词显示了客体之下的一种基本实体。因此，如此理解的"客体"只是亚里士多德之谓词的幽灵。在认知经验中显示出来的基本情形是"客体中的我—客关系"。我的意思是：基本事实是超越于"现时—此处"（标志着我—客关系）和"现时"（同时实现的空间世界）之上的不偏不倚的世界。这一世界同样包括过去的现实、未来的有限潜能、抽象潜能的整个领域和永恒客体的领域。永恒客体的领域超越了实际实现过程，同时实现于实际实现过程之中，并且与实际实现过程互相对证。作为现时—此地的意识，我—客关系能够意识到自己的经验本质。这种经验本质是由我—客关系和现实世界以及观念世界之间的内在关联性所组成的。但是，如此组成的我—客关系存在于现实世界之中。它将自身展现为一种机体，这种机体在实在中的地位需要有观念加入。这一有关意识的问题必须留待其他时候再讨论。

目前所要提出的论点是：机体论的自然哲学必须以唯物论哲学所要求的东西的反面为起点。唯物论的出发点是独立存在的实体——物质与精神。物质受着其空间运动的外在关系的修正，而精神则受着其思维对象的修正。在这种唯物论中，存在两种独立的实体，这两种实体都受着与各自相应的激情的限制。机体论的出发点就是分析事物处在互相关联的共同体中的实现过程。在这里，事件才是实现了的事物的单位。发生态持续模式是发生达成态的稳定，这样达成态就能在过程中保持自我同一而成为一个事实。应当注意的是：持续性并不是其本身之外的持续的基本性质，而是其本身之内的持续的基本性质。我的意思是：持续性是在整个事件的各时限部分中找得到其重复产生的模式的性质。正是在这种意义上来说，整个事件具有一个持续的模式。整体和前后相连的诸部分都具有同一种内在价值。认知是普遍的潜在活动为自身提出可能性、实在性与目的，并在某种程度内个体化的发生态。

如果不像上面一样从心理学与生理学出发，而是从近代物理学的基本概念出发，我们同样可以得出这种机体概念。事实上，我自己对数学和数理物理学的研究实际上就使我相信这一点。数理物理学首先假定一个活动的电磁场充满在时间与空间中。控制这个场的规律就是世界流变的一般活动所遵循的条件，正如它在诸事件中使其本身个性化一样。物理学中存在一种抽象过程。这门科学忽视事物本身如何，只根据这些实体的外在的实在来考虑其中的这些实体，也就是说，只考察其存在于其他事物中的位态。但这种抽象过程甚至还不止此，因为只有其他事物中的，改变其他事物的生命史的时—空条件的位态才在被研究之列。观察者的内在实在就有了地位，即这时引用了观察者对自身说来所形成的状态。例如，他将看到红色或者蓝色的这个事实进入了科学的叙述之中。但观察者所看到的红色实际上并没有进入科学。与此相关的事实仅是：观察者的看到红色的经验与他的所有其他经验不同。因此，观察者的内在性质唯有在确定物质实体的自我同一性上才有意义。这些实体仅仅被认作确定持续的实体的生活史的时间与空间的路径的因素。

物理学这个词源自于 17 世纪的唯物主义思想。但我们发现，即使在极端抽象的情况下，实际上事先假定的还是上文阐述的位态机体论。首先，我们考虑绝对真空中的事件。"真空"的意思是完全没有电子、质子或任何形式的电荷。这种事件在物理学中有三个作用。第一，这是能量进入的实际场所，它是能量的栖息地，或者是特殊能量流的所在地。不论怎样，在这种情形下，能量的作用总是存在的，它可能在有关的时间内驻足在空间，也可能流过这空间。

第二，这个事件是传递模式的必要环节。通过这种传递，每一事件的性质都从其他一切事件的性质上获得一些修正。

第三，这个事件是可能性的储存所。也就是说，该事件如果碰巧在场，它将通过变形或空间运动对一个电荷发生作用。

如果修正一下我们的说法，思考一个在自身内包含一个电荷的生命史的一部分事件，那么以上关于三种作用的分析是仍然能成立的。只是第三种作用中所包含的可能性现在转变为了现实性。现实性代替可能性之后，我们就看到了空虚和实有事件之间的区别。

再回到空虚事件，我们注意到它缺乏内在内容的个性。考虑到空虚事件的第一个作用——作为能量的栖息地，我们发现不论静止驻足的能量还是能量流中一部分的能量，都没有识别其个体的标志。仅存在活动的数量的决定，不存在活动在其自身中的个体化。在第二种和第三种作用中，缺乏个体化的情形就更加显著了。空虚的事实本身是一个事实，但它未能实现其内容的一个稳定的个性。就其内容而言，空虚事件是一个有组织的活动的一般框架中的一个已被实现了的要素。

当空虚事件是一确定系列的循环波的传递场所时，我们就需要对这一说法做一些修正。现在，事件中将永远存在一个确定的模式。在这儿，我们才首先看到一些微弱的持续个性的痕迹。但这种个性没有一点原始性，因为这仅是一个事件处在一个较大的模式的体系中所产生的恒定性。

现在，我们来看看实有事件。像电子这样的东西便有一种确定的个性。我们可以通过许多不同的事件在它的生命史追溯它。一群电子与类似的、带有正电的原子核一起构成一个物体，正如我们通常所感知到的一样。最简单的这类物体就是分子，一群分子构成了一个普通物体，例如椅子或者石头。因此，作为附加在事件本身的个性，一个电荷就是其内容之个性的标志。这种内容之个性是唯物论的根据。

然而，根据机体论同样可以解释这一点。当考察电荷的作用时，我们便会发现它标志着一个通过空间与时间来传递的模式的起源。这是某个特殊模式的基调。例如，任何事件中的力场都可由电子与质子的活动构成。这种活动也是能量流和能量的分布。此外。电波起源于这些电荷的振动。因此，我们便可以将被传递的模式看成是原子电荷的模态通过时间与空间的流变。这种模态起源于原子电荷的生命史。电荷的个体化是由两种性质结合产生的。第一个性质是它的功能模式的连续的同一，这种功能是一个决定模式传播的关键；第二个性质是它自身生命史的同一与连续。

因此，我们可以得出结论：机体论直接表达出了物理学所做的关于终极实体假定。我们也注意到，如果把这些实体看作完全具体的个体，这些实体便是全然无用的。就物理学而言，这些实体完全在彼此互相推动，在这种功能之外，它们就没有其他实在了。特别是对物理学来讲，根本就不存在内在的实在。

显然，将有机论的假说作为哲学的基础的做法必须上溯到莱布尼茨。① 对他来说，他的单子就是终极的、实在的实体。然而，他仍然保留了笛卡尔的实体，这种实体具有能改变实体的激情，在他看来，这也能说明实在事物的终极特性。于是，

──────────

① 　关于这一思想体系，参见伯特兰·罗素(Bertrand Russell)，《论莱布尼茨的哲学》(*The Philosophy of Leibniz*)。

在他看来，内在关系便没有具体的实在性。因此，他创造了两个与众不同的看法。一个看法是：终极的、实在的实体是一种有组织的活动，这种活动把组成成分结成一个统一体，因之，这个统一体便是实体。另一看法是：终极的、实在的实体是负载性质的实体。第一个看法要承认内在关系结合了一切的实在；而第二个看法则和这种关系所结合的实在不相容。为了结合这两个看法，他的单子没有窗户，单子的激情仅仅反映出前定和谐的宇宙。因此，这一理论体系便事先假设了一群独立实体的结合。他没有区别以下三者：作为经验单位的事件、稳定后获得意义的持续机体与表达个体化的进一步完整性的认知有机体。他也不承认以各种不同的方式将感官资料与不同事件联系起来的多种关系。莱布尼茨承认这种多种关系事实上是透视法，但他只在这种前提——认为这种多种关系是有组织的单子的性质——下承认这一点。这种困难实际上源自于理所当然地接受以下两种观点：把简单位置当作空间与时间的基本形态；把独立的个别实体当作实在的实体的基本形态。这样一来，莱布尼茨唯一能走的道路便是贝克莱后来所选择的道路（根据最流行的解释）。也就是诉诸一个奇迹以帮助他超脱形而上学的困难。

笛卡尔曾创立了一种思想传统，这种传统使后日的哲学与科学运动保持了某种程度的接触。莱布尼茨以同样的方式创立了另一种思想传统，这种思想传统使实体——终极的、实在的事物——在某种意义上成了组织的过程。这一传统为德国哲学的伟大成就奠定了基础。康德反映了这两个传统——在一个基础之上反映另一个。康德是一个科学家，但源自于康德的学派对科学思想的影响则很小。20 世纪哲学学派的任务应该是：将上述两个传统结合成为一个关于源自科学的世界观的表达，因此以结束科学与我们的审美的以及伦理的经验所肯定的东西的分离状态。

第十章　抽象

在前几章中，我分析了科学思潮对近代思想家所致力研究的更深刻的问题的反应。任何个人、任何有限的社会、任何一个时代，都不能同时思考一切问题。于是，为了说明科学对于思想的各种影响，我们便从历史的角度分析了这个主题。

在这种历史的追述中，我始终谨记：整个故事的结局是统治这三个世纪的科学唯物论的舒适体系显然解体了。因此，我强调了几派对盛行观点的批评意见；同时我自己也致力于提出另一种宇宙论学说。这一学说内容十分宽广，以至于能包括科学与科学批判这两者的基本论点。在这一体系中，处于基础地位的物质概念被有机综合体概念代替了。但是，这种方法经常从科学思想的实际复杂情形和它所提示的混乱状态开始思考。

在本章和下一章中，我们不再讨论近代科学的特殊问题，而是在任何特殊的、对事物细节的调查之前，冷静地思考事物的性质。这种看法被称为"形而上学"观点。因此，读者如果觉得这两章中的形而上学很厌烦的话，那最好就跳至"宗教与科学"那一章。那一章将重新探讨科学对近代思想的影响。

讨论形而上学的这两章完全是叙述性的。这种叙述的根据是：（1）我们关于构成直接经验的实际事态的直接知识；（2）它们成为调和各种经验的、系统化的叙述的基础；（3）它们提供了许多构成认识论的概念。关于第（3）点，我的意思是：关于已知事物的一般性质的一个叙述，能使我们知道认识为什么能成为已知事物中的一个环节。

在任何认知的事态中，被认知的对象都是经验的一个实际事态，经验因所涉及的实体的领域而各不相同①；这些实体超越了直接事态，在这一直接事态中，这些实体与其他经验的事态具有类似的或不同的联系。例如，在直接事态中，某一深度的红色可能以某种确定的方式与某种球形相连。但这种红色和这种球形都表现出自己超越了这个事态，因为两者都与其他的事态具有其他的关系。同时，除了其他事态中的相同事物的实际事件之外，每一个实际事态都处在另一种相互关联的实体领域之中。这一领域是由可以为那个事态做有意义的陈述的所有假命题显示出来的。这是一个存在许多不同的方向的领域，它在实际中的立足点超越了任何一种实际事态。假命题对于每一个实际事态的真正关系是通过艺术、虚构叙述以及关于理想的批判等显示出来的。这就是我所主张的形而上学论点的基础，也就是说，对实际的理解必须联系到理想。从本质上来说，这两个领域是整个形而上学的立场所固有的。这一真理——关于

---

① Cf. my *Principles of Natural Knowledge*，Ch. Ⅴ，See. 13.

一个实际事态的某种命题是假的——表现了美学成就颠扑不破的真理。它表明了"伟大的否定"（great refusal）——它的基本性质。一个事件与它的假命题对它的意义成绝对正比例：假命题与事件的关系无法通过达成态而与事件的本质分开。这些超越的实体被称为"普通"（universals）。为了摆脱"普通"一词在漫长的哲学史中所具有的假定，我更喜欢用"永恒客体"一词。因此，永恒客体在本质上是抽象的。我所说的"抽象"是指：不涉及任何特殊的经验事态，就可以理解永恒客体本身——也就是它的本质。抽象就是超越实际所发生的特殊的、具体的事态。但超越实际事态并不意味着与它脱离关系。恰恰相反，我认为每个永恒客体都与这种事态保持着其固有的联系。我将这种联系称为进入事态的模态。因此，要理解一种永恒客体，必须认识以下几点：(1)它的特殊个性；(2)它体现在实际事态中时，与其他永恒客体的一般关系；(3)说明它进入特殊实际事态的一般原则。

这三点说明了两个原理。第一个原理是：每个永恒客体都是一个个体，以自己的特殊形式是其所是。这种特殊的个性是该客体的个体本质。它只能被说成是它本身。因此，个体本质只是从其独特性来看的本质。同时，一个永恒客体的本质也只是它对每个特殊事态做出其独特贡献时的情形。各种进入事态的模态下的客体都是它本身，所以这种独特贡献对于所有的事态都是同一的。然而，由于进入事态的模态各不相同，所以这种独特贡献也随着事态的变化而变化。因此，一个永恒客体的形而上学地位就是实际的可能性的地位。每个实际事态的性质由这些可能性在该事态中实现出来的方式确定。因此，实现是可能性中的一个选择。更准确地说，实现是对这些性质在那个模态中实现出来的可能性的大小的一种选择。这一结论使我们得出了第二个形而上学原理：作为一个抽象的实体，每个永恒客体都不能脱离它与其他永恒客体的关系，也不能脱离它与一般实际的关系，虽然它与进入某一实际事态的实际模态无关。这一原理可以用这句话来表述：每个永恒客体都具有一种"关联性的本质"（relational essence）。这种关联性的本质决定了该客体进入实际事态是如何可能的。

换句话说：如果 A 是一个永恒客体，那么 A 的本质就包括 A 在宇宙中的地位，并且 A 不可能脱离这种地位。在 A 的本质中，关于 A 与其他永恒客体的关系存在着一种肯定性，而关于 A 与实际事态的关系则存在着一种不肯定性。既然 A 与其他永恒客体的关系肯定地存在于 A 的本质之中，那么这种关系便是内在关系。我说这句话的意思是：这种关系是 A 的构成成分，因为一个处在这种内在关系之中的实体，如果脱离了这些关系就不能成为一个实体。换句话说，它一旦具有内在关系就永远具有内在关系。A 的诸内在关系联合构成了它的意义。

一个实体不能存在于外在关系之中，除非在它的本质中存在容纳外在关系的不肯定性。将"可能性"这个术语应用于 A 之上时，它的含义就是 A 的本质可以容纳 A 与实际事态的关系。简单说来，A 与实际事态的诸关系就是：A 和其他永恒客体的永恒关系在该事态中实现时是如何分等级的。

因此，说明 A 进入特殊实际事态 a 的一般原理就是存在于 A 的本质之中的、关于 A 进入 a 的不肯定性，以及存在于 a 的本质之中的、关于 A 进入 a 的肯定性。所以，综合摄入体（the synthetic pretension）——a，就是 A 的不肯定性进入 a 的肯定性的解答。于是，A 与 a 之间的关系对于 A 说来是外在的，对于 a 来说则是内在的。每个实际事态 a 都是所有进入实际事态的模式的解答：真理与虚假代替了可能性。A 完全进入 a 这一事情由关于 A 与 a 的所有真命题表示，同时它也可能由有关其他事物的真命题来表示。

永恒客体 A 和其他永恒客体之间的确定关联就是 A 如何系统地、本质上必然地与每个其他永恒客观发生关联。这种关联代表一种实现的可能性。然而，一种关系就是一个事实，这个事实关涉所有相关的关联对象，并且如果它只关涉一个关联对象，它就不能被孤立起来。因此，存在一种有系统的、互相的关联，这种关联是可能性的性质所固有的。将永恒客体的领域称为一个领域之所以是合适的，是因为每个永恒客体在这一般的、系统的相互关联的综合体中都有自己的地位。

在 A 进入实际事态 a 时，A 与其他永恒客体的相互关系（在实现中分等排列出来的），需要涉及 A 和其他永恒客体在时—空关系中的地位才能表现出来。同样，为了这一目的，如果不涉及 a 与其他实际事态在同一时—空关系中的地位，这一地位也是无法表达的。因此，表达事件的实际过程的时—空关系，就无非是各永恒客体间的一般系统关系之中的一个选择性限制。我的意思是：应用到时—空连续体上的限制是实际的决定，例如：空间的三维，时—空连续体的四维。这些实际的决定都是事物的实际过程所固有的，但对于一个较为抽象的可能性来说它们则是武断的。在"上帝"这一章，我们将更加全面地讨论以实际事物为基础的一般限制，这种限制与每个实际事态所特有的限制是不同的。

进一步来说，所有可能性的相对于实际性的地位必须参照这个时—空连续体。在对一个可能性作任何特殊的考虑时，我们都可能认为这个连续体被超越了。但只要存在与实际性相关的确定关系，超越时—空连续体便需要确定的方式。因此，从根本上说来，时—空连续体是关系可能性的所在地，是从更普遍的系统关系的领域中选择出来的。这种关系可能性的有限所在地，表现了实现过程的一般体系所固有的一种可能性的限制。无论与该体系相关联的一般可能性是什么，这些可能性都属于此限制之内。同样，无论与事件的一般过程相关联的抽象可能性是什么——不同于特殊事态所引起的特殊限制，这些抽象可能性都充满在时—空连续体的每一种可能的空间位置之中、所有可能的时间之中。

从根本上来说，如果所有可能性的关联的一般体系受到其本身与一般实际事物的联系的限制，那么时—空连续体就是这种体系。可能性的本质也规定它必须包括这种与实际的联系。因为可能性中存在着脱离达成态的可达成性。

一个实际事态应该被认为是一种限制，这一点已经被强调过了。这种限制的过程可以进一步被说成是分等的过程。一个实际事态(如 a)的特性需要进一步的说明：任何永恒客体(例如 A)的本质中都存在一种不肯定性。实际事态 a 则将每个永恒客体都综合到它本身之中；这样，它就包括了 A 与其他个别或整套永恒客体的全部的确定关联。这种综合是一种实现的而不是内容的限制。每一种关系都保存着它固有的自我同一。进入这种综合体的等级是每一个实际事态(如 a)所固有的。这些等级只能通过价值的相关性来表现。如果比较不同的事态，这种价值的相关性的等级是不同的。最高的等级是把 A 的个体本质作为某一等极的美学综合体的一个因素包含在内，最低的等级是把 A 的个体本质作为美学综合体的一个因素而排斥掉。如果 A 的每一种确定关系处于这种最低的等级，那么 A 的每一种确定关系就只是一个事态中的、说明这个关系何以是一个确定的未体现的可能的因素，除了在未体现的内容的系统化地基中作为一个因素外，它不能贡献任何美学价值。如果 A 的每一种确定关系处于一个较高的等级，那么这种关系可能仍然没有体现出来，但它还是具有美学价值的。

因此，如果只从 A 与其他永恒客体的关系来看 A，那么 A 就是"A 被认为是不存在(not-being)"；在这里，"不存在"意味着"与被包容在实际事件之内的或被排斥在实际事件之外的肯定事实相脱离"。同样，"A 对于肯定事态 a 是不存在"意味着 A 在它的一切肯定关系中被排斥于 a 之外。同样，"A 对 a 是存在"意味着 A 在它的一些肯定关系中被包容到 a 里面去了。然而，不存在任何可以把 A 的一切肯定关系都包容在内的事态，因为这些关系中的一些是互相对立的。因此，从被排斥的关系来说，A 对 a 就是不存在，甚至从其他关系上来说 A

已经在 a 中存在了。从这种意义上来说，每个事态都是一种存在与不存在的综合体。进一步说来，虽然某些永恒客体仅是作为不存在而被综合在事态 a 之中的，但每个作为存在而被综合的永恒客体同时也是作为不存在而被综合的。在这里，"存在"意味着"作为个体而言在美学综合体中是有效的"。同样，"美学综合体"就是"经验综合体"处在以它与其他实际事态的内在关联为基础的限制之下的自我创生状态。因此，根据以上所述，我们可以总结如下：所有被包容到每个事态中的永恒客体的综合摄入的一般状况都具有双重性质，一种是每个永恒客体与一般事态的不肯定关系，另一种是每个永恒客体与某个特殊事态的肯定关系。这一叙述总结了外在关系是何以可能存在的。但这一叙述必须将时—空连续体从它在实际事态中的单纯含义中解放出来（按照通常的解释），并从它的本源——本源来自于抽象可能性的一般性质——上对它加以说明，也就是说明它受到了事件的实际过程的一般性质的限制。

内在关系方面的困难是：解释特殊真理是如何可能的。既然存在内在关系，那么每一件东西就必须依存于其他的一切东西。但是，如果情形果真如此，那么我们就不能认识任何事物，除非我们同等地认识了其他的一切东西。因此，显然，我们必须一口气说出一切东西。这种假定的必要性显然是不正确的。于是，我们就必须解释：既然承认有限真理，内在关系又何以可能存在呢？

既然实际事态是从可能性的领域中选出来的，那么要终极解释实际事态何以具有普遍性质，我们就必须分可能性领域的一般性质。

永恒客体领域的分析性质就是有关它的基本形而上学真理。这种性质的意思就是：这个领域中的任何永恒客体 A 的地位都可以分析成为几个不定数目的有限范围的从属关系。例如，如果 B 与 C 是另外两个永恒客体，那么就存在仅仅涉及 A、B、C 的某种完全肯定的关系 R。在它容纳关联对象的能力中就无须提及其他肯定的永恒客体了。当然，关系 R(A，B，C)可能牵涉一些本身就是永恒客体的从属关系，并且 R(A，B，C)本身也是一个永恒客体。同时，还存在其他关系，这些关系在同一意义下也仅仅涉及 A、B、C。现在，我们要来看看：在永恒客体①的内在关联下，这个有限关系 R(A，B，C)是如何可能的。

永恒客体的领域中存在有限关系的理由是：这些永恒客体彼此之间的关系是完全非选择性的，作为体系来说是完整的。我们正在谈论可能性，那么每一种可能的关系就必然存在于可能性的领域之中。每个永恒客体的这种关系都建立在该客体在一般关系系统中作为一个关系对象的完全肯定的地位上。这种肯定的地位就是我所说的客体的"关系实质"。只需要参照该客体就可以决定该关系实质。除非特别牵涉在这种实在（当该实质是一种复合体时），否则就无须参照其他客体。所谓复合体的问题在下面就要解释。"任何""某些"这两个词的意思是从这个原理——也就是说，逻辑中的变量的意思——引申出来的。

---

① 英文原文为 internal objects，疑为作者笔误，译者按照 eternal objects 翻译。——译注

整体的原理是：某个肯定的永恒客体 A 与 n（肯定有限数）个其他永恒客体之间存在某种肯定的关系，在不涉及对其他 n 个永恒客体（X_1，X_2，…，X_n）的任何决定的情形下，我们可以对这种肯定的关系是怎样的做出一个特殊的决定，除非 n 个永恒客体中的每一个都具有适当地位而在那多种关系中发挥了自己的作用。这一原理依赖于这样一个事实：一个永恒客体的关系实质并不是该客体所特有的。既然每个客体在内部都存在于它的所有可能的关系之中，那么每个永恒客体的关系本质单独就可以决定全部关系实质的统一体系。因此，可能性领域便为有限套数的永恒客体提供了一个统一的关系格架；所有永恒客体只要自身的地位允许，便处在这种关系之中。

　　因此，可能性领域中的关系并不涉及永恒客体的个体本质；它们所涉及的任何永恒客体都是关系对象，其条件是这些关系对象具有应有的关系本质。（这一条件自动地从事物的本性出发限制了"任何永恒客体"中的"任何"一词。）这一原理就是可能性领域中的永恒客体的孤立原理。永恒客体是孤立的，因为作为可能性而言，它们的关系可以不涉及它们的个体本质就能表达出来。与可能性领域相反，永恒客体被包容在一个实际事态之中意味着：对于它们的某些可能的关系说来，它们的个体本质的结合是存在的。这样实现出来的结合是一个发生态的价值的达成态。这种价值被一种确定的永恒关联所定形。真正的结合就是相对于这种确定的永恒关联而形成的。因此，永恒的关联是一种形式（the ε. δ. ο. ç），发生态的实际事态是内含价值的外形。由于脱离了任何特殊的外形，价值就是抽象物质

（ν. λ. η），这种抽象物质是所有实际事态所共有的。将无价值的可能性摄入到外形下的内含价值之中的综合活动就是实体活动。这种实体活动在分析形而上学状态中的静止因素时被忽略了。这种状态之中的被分析的要素是实体活动的属性。

因此，永恒客体间的有限内在关系概念所固有的困难便通过以下两个形而上学原理得到了解决：（1）任何永恒客体 A 的关系——如果被认为是 A 的组成成分，只将其他永恒客体作为单纯的关系对象包容在内，而不涉及它们的个体本质；（2）由此，A 的一般关系可以分成多个 A 的有限关系这一性质便存在于该永恒客体的本质之中。显然，第二个原理要以第一个原理为基础。理解 A 就是理解关系的一般系统的情况。理解这种关系系统并不需要其他关系对象的个体的独特性。这个系统也将自身分析为许多有限关系，这些有限关系都具有自己的个性，但同时又事先假定了可能性领域内的全部关系。对于实际性说来，首先存在的是关系的一般限制，这种限制将一般的、无限制的体系化为四维的时—空体系。可以说，这种时—空体系是所有永恒客体所固有的各种关系体系（受实际性限制时）的最大的共同尺度。这句话的意思是，永恒客体（A）的某些关系在实际事态中是如何实现的，总是可以通过以下两种方式解释：（1）说明 A 相对于这个时—空体系的地位；（2）说明该实际事态在这一体系中与其他实际事态的关系。一种确定有限关系——关联到一个有限的永恒客体组中的某一确定的永恒客体的——本身就是一个永恒客体。这就是处在那个关系中的那些永恒客体。我将这种永恒客体称为"复合体"。作为关系对象而处在"复合体"中的其他永恒客体将被称为该永恒客体(复合体)的构成成分。如果这种关系对象中的任何一个本身是复合体，那么它们的构成成分就将被称为原复合体的"衍生组成成分"。同样，衍生组成成分的组成部分也将被称为原客体的衍生组成成分。因此，永恒客体的复杂性就说明它可以分析成作为组成成分的永恒客体之间的关系。对永恒客体的普遍关系体系的分析意味着它表现为许多复合的永恒客体。一个被分析为组成成分之间的关系的永恒客体(如一定深浅的绿色)，将会被称为"简单的"永恒客体。

现在，我们就能解释永恒客体领域的分析性何以能使该领域分析成为若干等极的。

个体本质简单的那些客体将被归为最低极的永恒客体。这一等级的复杂性为零。接下来，我们看看任意一组这样的客体，其数目是有限的或者是无限的。例如，我们看看这组客体——A、B、C这三个永恒客体，它们都不是复合体。我们不妨以 R(A，B，C)来表示 A、B、C 之间某种可能的确定关联。举个简单的例子，假定 A、B、C 是一定深度的三种颜色，彼此之间的时—空关联在任何时候和任何地点处在正四方体的三个面上。那么，R(A，B，C)便是最低等极的另一永恒客体。根据这种情况，一系列较高级的永恒客体也是存在的。对任一永恒客体 $S(D_1，D_2，\cdots，D_n)$ 来说，永恒客体 $D_1，D_2，\cdots，D_n$——它们的个体本质构成了 $S(D_1，D_2，\cdots，D_n)$ 的个体本质——就被称为 $S(D_1，D_2，\cdots，D_n)$ 的组成成分。显然，$S(D_1，D_2，\cdots，D_n)$ 的复杂等级应比组成成分中的最高等级高一级。

因此，有一种分析把可能性领域分析成简单的永恒客体，还有一种分析则把可能性领域分析成各种等级的复合永恒客体。一个复合的永恒客体是一种抽象的状况。确定的永恒客体的抽象（即非数学的抽象）具有双重意义。一种是实际性的抽象，一种是可能性的抽象。例如，A 和 R（A，B，C）便都是可能性领域的抽象。应当注意的是：A 指的是 A 的一切可能关系，包括 R（A，B，C）在内。同样，R（A，B，C）也是指 R（A，B，C）的一切关系。但 R（A，B，C）的这种意义排斥了 A 所能进入的其他关系。因此，R（A，B，C）中的 A 便比 A 要绝对地更加抽象。所以，我们从简单的永恒客体进入越来越高级的复杂性时，我们便越来越进入了可能性领域中的更加高级的抽象性。

现在我们可以说，当我们经过一系列的阶段向可能性领域中所得出的一定抽象模态前进时，我们在思想上便要经过一系列愈益提高的复杂性等级。我将把这种前进的过程称为"抽象的等级体系"。一个抽象等级体系——不论是有限的还是无限的——都是以一群确定的简单永恒客体为基础的。这一群永恒客体就被称为等级体系的"基础"。因此，抽象等级体系的基础便是一组复杂性为零的客体。抽象等级体系的正式定义如下："以 g（g 是一组简单永恒客体）为基础的抽象等级体系"是满足下列条件的一组永恒客体：

（1）g 的组成部分属于该等级体系，而且是该体系中唯一的简单永恒客体；

（2）该等级体系中的任何复杂永恒客体的组成成分也是该体系中的组成成分；

（3）该等级体系中的任何一组永恒客体——不论等级相同还是不同，至少是本等级体系中一个永恒客体的组成成分或衍生组成成分。

应当注意的是：一个永恒客体的组成成分的复杂性等级必然低于它本身的复杂性等级。因此，这一等级体系（复杂性的第一级）的任何组成成分只能以群体 g 中的部分作为组成成分；第二等级的复杂性的部分只能以第一级和群体 g 的部分作为组成成分，以此类推。

抽象等级体系所要满足的第三个条件可以叫作连通性条件。因此，一个抽象等级体系便是从它的基础上产生出来的；它包括从这基础上产生出来的一系列等级，不管这等级是无限的还是有最大限度的；它是被它的一组属于较低等级的组成成分在较高等级中的重现"关联"起来的，这种组成成分的作用至少是等级体系中一个部分的组成成分或衍生组成成分。

如果抽象等级体系在有限的复杂等级上停止，那么这个抽象等级便叫作"有限"体系。如果抽象等级体系包括分别属于一切复杂等级的组成成分，那么这个抽象等级便叫作"无限"体系。

应当注意的是：一个抽象等级体系的基础可以包括有限数目的组成成分，也可以包括无限数目的组成成分。进一步来说，基础之组成成分的数目的无限并不影响等级体系的有限或无限。

根据定义，一个有限的抽象等级体系具有一个最高的复杂性等级。这一等级的特性是：这一抽象等级的组成成分不是这一体系中的任何其他等级的永恒客体的组成成分。同样，最高的复杂性等级显然只能具有一个组成成分，否则关联性的条件就无法达到。反过来说，任何复杂的永恒客体就是经过分析后可以表现为有限抽象等级体系的永恒客体。我们作为出发点的这个复杂的永恒客体可以被称为抽象等级体系的顶点：它是最高复杂等级中的唯一组成成分。在分析的第一阶段，我们获得了顶点的组成成分。这些构成成分的复杂性可能各有不同；但其中至少有一个构成成分的复杂性等级比顶点的复杂性等级低一级。比某一既定的永恒客体的等级低一级的等级被称为那个客体的"次邻级"。接着，我们获得了属于顶点的次邻级的组成成分，并把它们当作第二级再分析成它们的组成成分。在这些组成成分中，有一些组成成分属于我们这次分析的客体的次邻级的组成成分。另一些组成成分是顶点的组成成分中属于这一"次邻级"的组成成分。它们构成了第三级，分析还是照从前一样进行。这样，我们找到了属于顶点以下第三级的客体，并且加上了前两级分析遗留下来的这一级的组成成分。我们继续以连续的等级分析的方式前进，直到达到简单客体的那一等级。这一级构成了等级体系的基础。

需要注意的是：在处理等级体系时，我们完全在可能性领域之中。因此，永恒客体便缺乏真正的结合性：它们依然是"孤立的"。

亚里士多德把实际事实分析成更加抽象的要素时，他所用的逻辑工具是分成种和属的工具。这种工具在其准备阶段，对科学发挥了极其重要的作用。但它在形而上学的叙述中的应用则歪曲了形而上学状态的真相。"普通"一词与亚里士多德的分析法结合得非常紧密：这一个词的意义近来又扩大了，但它还是带着分类分析法的色彩。由于这个原因，我就没有使用它。

在任何实际事态 a 中，都存在一群（g）简单的永恒客体，这些简单的永恒客体以最具体的模态组成这个群（g）。在一个事态中的完全组合——由于在个体的发生态事态的形成中与其他永恒客体产生了个体本质的最完全的融合——显然是自成一体的，是不能用其他东西来定义的。但它具有一种必然属于它的特殊的性质。这个性质就是：存在一个建立在 g 之上的无限的抽象等级体系，其组成成分都同样地被完全包容在 a 之中。

这样一个无限的抽象等级体系的存在，说明了通过概念来完成对一个实际事态的描述是不可能的。我将把这个与 a 相联系的无限的抽象等级体系叫作"a 的关联等级体系"。一个实际事态中的连通性概念指的就是这种情形。对于这个事态的综合统一体和可认识性来说，这种关联性是必要的。存在一个适用于这一事态的概念的连续等级体系，它包括了所有复杂等级的概念。同样，在这个实际事态中，这种复杂概念所牵涉的永恒客体的个体本质形成了一种美学的综合体。这种综合体能产生一种事态，即自为的经验。既然事态是由所有进入其充分体现状况的东西所组成的，那么这种关联等级体系便是该事态的形式、模式和形态。

就抽象的等级而言，从可能性中产生的抽象与从实际性中产生的抽象是背道而驰的，这个事实引起了思想上的某种混乱。显然，当我们通过描述一个实际事态 a 的关联等级体系中的某些组成成分来描述 a 时，我们更加接近全部具体的事实，因为关联等级体系的复杂性等级比其组成成分的复杂性等级更高。这样，我们对于 a 便做了更进一步的描述。因此，复杂性提高时，我们就能在接近 a 的全部具体状态方面获得进展，复杂性降低时，我们则会后退。因此，简单的永恒客体代表着实际事态所产生的抽象的最高限度，但简单的永恒客体却代表着可能性领域所产生的抽象的最低限度。我认为大家会发现：当谈到一个高级的抽象时，人们指的就是可能性领域中所产生的抽象，也就是一个精炼的逻辑结构。

到目前为止，我一直都只是在谈论实际事态完全具体的一面。实际事态正是由于这一面才在自然界中成为一个事件。但在这种意义下，一个自然事件仅是一个完整的实际事态的抽象状态。一个完整的事态包括在认知经验中表现为记忆、预测、想象和思维的一切。经验事态中的这些要素也是复杂的永恒客体作为发生态价值中的要素而被包容在综合摄入体中的模态。它们与完全包容的具体状态不同。在某种意义上说，这种差别是无法解释的，因为每一种包容的模态都是自成一体的，不能用其他的东西来解释。然而，存在一个能将包容的这些模态与以前讨论的充分的具体的进入区别开的共通的不同点。这个不同点就是骤然性。我所谓的骤然性，意思就是被记忆、预测、想象或思想的东西，这个东西被一个有限的复杂概念耗尽了。在每种情形中，都有一个有限的永恒客体——作为一个有限等级体系的顶点——被摄入在该事态之中。像这样脱离实际的不可限制性在任何事态中都把所谓精神的东西与精神作用所指归的实际事件划分开了。

一般说来，对有关的永恒客体的理解似乎缺乏鲜明性：例如，休谟就说过"模糊的摹本"。但把这种模糊作为分等的根据是很不可靠的。体现在思想中的东西往往比未被注意的实际经验中的同一东西更为鲜明。至于被理解为精神的东西则总是受到一个条件的限制。这个条件就是：当我们试图在它们的关系中找寻高一级的复杂性时，我们总是无法进行。不论它是什么，我们总是发现我们想到的就是这些，再没有别的了。存在一个限制，这个限制使有限的概念离开了更高等级的无限的复杂性。

因此，一个实际事态就是一个无限等级体系（即它的关联等级体系）加上各种有限等级体系的摄入体。无限等级体系综合到事态中去的根据是该体系的特殊体现模态，而有限等级体系综合到事态中的根据则是各不相同的、其他的、特殊的体现模态。有关一个经验事态的一般性质的这种述说在理性上是融贯的，对于这一点，有一个形而上学原理是必不可少的。我称这一原理为"体现的明确性"。我的意思是：一个永恒客体——当它被包容的时候，不论在什么样的体现模态下——都正好是它本身。不歪曲个体本质，就不会产生一个不同的永恒客体。每一个永恒客体的本质中都存在一种不确定性，表明它能不分轩轾地容忍一切进入任何实际事态的模态。因此，在认识经验中，就可能发现同一个事态中的同一个永恒客体的进入模态在一个以上的体现等级中都具有意义。因此，体现的明确性加上进入同一事态的模态（可能不止一个），形成了真理符合论的基础。

从实际事态与永恒客体领域的关联方面说明了实际事态之后，我们就回到了第二章所述的一系列思想。在第二章我们讨论的是数学的性质。毕达哥拉斯所创始的概念被扩大了，并被列为形而上学的第一章。接下来的一章讨论的是以下这种令人迷惑的事实：存在一种事件的实际过程，这个过程本身就是一个有限的事实，但从形而上学来讲却又不然。然而，其他形而上学的研究被忽视了：例如，认识论以及对可能性领域中的无限宝藏的一些元素的分类。这最后一个论题使形而上学和各种科学的专门论题见了面。

第十一章　上帝

　　亚里士多德认为要完成他的形而上学就必须引进一个原推动者（Prime Mover）——上帝。在形而上学思想史上，这是一个重要的事实。如此认为，有两个原因。第一，如果我们要将最伟大的形而上学论者的地位赋予给一个人，那么无论从拥有天才般的见解、渊博的知识，还是从形而上学的渊源上来说，我们都必须选择亚里士多德。第二，在思考这个形而上学问题时，亚里士多德是完全冷静的；并且，在欧洲一流的形而上学论者当中，他是最后一个能被如此评价的人。亚里士多德之后，伦理的和宗教的研究开始影响形而上学的结论。犹太人分散了（开始是自愿地，后来是被迫地）；犹太—亚历山大学派开始兴起。随后，基督教出现了，伊斯兰教紧随其后。亚里士多德周围的希腊诸神都成了次一等的形而上学实体，并且都在自然之内。相应地，在原推动者这个问题上，除了沿着他的形而上学的思想路线继续前进之外，亚里士多德没有其他的动力。然而，这并没有让他朝着符合宗教目的的上帝走多远。如果不引入其他因素，任何真正的一般形而上学是否能够比亚里士多德走得更远，这是存在疑问的。但是，他的结论的确象征着第一步，没有这一步，从相对狭隘的经验基础上来看，我们形成神的概念就是不可能的。因为在任何有限的经验范围内，没有东西能够为我们在实体存在物的基础上形成有关任何此类实体的概念提供材料，除非事物的一般性质需要存在如此这样一个实体。

原始推动者这个词提醒我们，亚里士多德的思想已经陷入了混乱的物理学和宇宙观的细枝末节中了。在亚里士多德的物理学中，物质体的运动需要诸多特殊"因"(special causes)来维持。如果普遍的宇宙运动能够维持的话，这是很容易被纳入他的思想体系之中的。因为对于普遍的运动体系来说，每个事物都能够具有一个它的真实目的。因此，就需要一个原推动者来维持天体的运动，而事物的调整则依赖于这些天体。今天，我们否定了亚里士多德的物理学和宇宙观，所以以上论证的确切形式显然失败了。然而，如果我们的一般形而上学(无论如何)都与前一章所勾勒的形而上学类似的话，那么一个与亚里士多德的形而上学问题类似的问题就会出现，并且这个问题同样只能用类似的方式解决。亚里士多德将上帝作为原推动者，相应地，我们就需要将上帝作为核心原则(the Principle of Concretion)。只有通过讨论实际事态过程的一般含义，这一地位才能被充实。实际事态过程就是体现的过程。

我们设想实际性与深不可测的可能性存在至关重要的关系。永恒客体将每一种区分之中被容纳和被排除的等级体系模式赋予给实际事态。这一真理的另一观点是：每一个实际事态都是强加在可能性上的一种限制，由于这种限制，事物被定形的结合性的特殊价值才出现了。通过这种方式，我们就表明了如何从可能性来理解一个单个的事态，以及如何从一个单个的实际事态来理解可能性。然而，从孤立的事态的意义上来说，单个的事态是不存在的。实际性就是孤立的永恒客体不断结合，就是所有实际事态的结合。我在本章的任务就是描述实际事态的统一性。上一章集中讨论了抽象，本章主要是讨论具体，即结合在一起的事物。

让我们考虑一个事态 α。其他实际事态与事态 A 的关系是事态 α 之本质的组成部分，那它们是如何存在于事态 α 之中的呢？我们必须叙述这一点。从本质上来说，事态 α 就是体现了的经验单位，相应地，我们会问：其他事态如何存在于事态 α 的经验之中？同样，目前我排除了认知经验。这个问题的完整答案是：与抽象领域之中的永恒客体间的关系一样，实际事态间的关系的种类是无穷无尽的。然而，这种关系存在一些基本类型，这些基本类型可以说明全部复杂的变化。

理解这些的进入形式（一个事态进入另一个事态的本质）的第一步是要注意，它们被包含在了抽象等级体系的体现模式之中，这种抽象等体在上一章讨论过。包含于那些等级体系（诸如在 α 中实现的等级体系）中的时—空关系，都可以用 α 以及用进入 α 的其他事态来定义。因此，这些进入的事态将它们的诸方面引入了等级体系之中，并因此将时—空模式转变为了定言的决定，同时这种等级体系将它们的形式引入了事态之中，并且因此限定进入的事态只能在那些形式下成为进入的事态。因此，同样的方式（正如在上一章所见），在现实等级的限定下，每一个事态都是所有永恒客体的一个综合。因此，在所有类型的进入等级的限制下，每一个事态都是所有事态的综合。在其自身的模式的限制下，每一个事态都综合了内容的总体。

关于 α 与其他事态之间的内在关系的种类，这些其他的事态（组成 α 的其他事态）可以用多种方法加以分类。这些方法都与过去、现在和将来的不同的定义有关。哲学上通常假定这些各种各样的定义必定是对等的。物理学之目前的意见有力地表明，这种假定缺乏形而上学的证明，甚至任何这样的区分对于物理学来说都可能不是必需的。这个问题已经在论述相对论的一章讨论过了。但是，相对论的物理学理论仅仅触及在形而上学上站得住脚的各种各样的理论的边缘。坚持一种无限的自由对于我的论证非常重要。在这种无限的自由里面，实际事物是一种独特的定言的决定（categorical determination）。

每一个实际事态都将自身展现为一个过程：一个生成态（a becomingness）。在如此展现自身的过程中，它将自身看作是多种其他事态中的一员，没有这些其他事态，它就不能成为它自身。同样，它将自身定义为一种特殊的个体成就，并将永恒客体的无限领域集中在其有限的方式中。

任何一个事态 α 都从那些集体形成它的过去的其他事态中流出。为了它自身，它展现了集体形成它的现在的其他事态。在它的相关的等级体系里，一个事态找到了它自身的根源。这种展现正是它自身对实际形成物的贡献。它可能被过去——它的发源地——所影响，甚至完全被其所决定。但在那些条件下，它在现在之中所展现的正是从包容性活动中所产生的东西。事态 A 也在它自身内部用未来的形式包含了一个不确定性。由于它在 α 中的包含物，未来的形式具有部分的决定态，同时与 α、来源于 α 的过去实际事态以及趋向于 α 的现在实际事态，具有确定的时—空关联。

这个未来将永恒客体作为一种非存在综合在 α 之中，同时要求 α 过渡到与 α 有着确定的时—空关系的个体化。在这种个体化之中，非存在变成了存在。

在 α 中，有我在上一章称作有限永恒客体的"骤然"体现。这种骤然体现或者需要有限等级体系对确定事态（不是 α）的基本客体的参考（正如它们的处境，在过去、现在和未来），或者需要这些永恒客体在确定条件下的体现，但是这是在实际事态间的时—空关系大纲中从包含到排除的条件下。在每个事态中，永恒客体的骤然综合都是永恒领域之分析特征的实际性中的包含。这种包含具有实际的有限的等级，这种实际由于它的本质的有限性成为每一个事态的特征。正是超越于现实事态之间的相关性的永恒相关性的扩张，将全部永恒相关性包容进了每一个事态之中。从学术上，我将这种骤然体现称为"分级展示"（graded envisagement），每一个事态都进入它的综合之中。这种分级展示便是实际事态把某种意义下不存在的东西作为积极因素包容到它本身的达成态中去的过程。它是错误、真理、艺术、伦理和宗教的源泉。由于它，事实才有不同的可能。

这种普遍的看法——把事件当成一个过程来看时，共产物就是经验单位——说明事件应分析为：（1）实体活动（substantial activity）；（2）可供综合的条件潜能；（3）综合体的达成产物。所有现实事态的集合禁止了物质活动的分析到独立的个体。每个个体化的活动不外乎是一种模态，在这种模态中，一般性活动通过外加的条件被个体化。进入综合的展示同样是将综合活动条件化的一种特性。从事态或者永恒客体不是实体的意义上来说，一般性活动不是一个实体。对每个事态都是特殊的模态中，它是破坏所有事态的一种一般性的形而上学特性。没有任何东西可以与它相比：它是斯宾诺莎的一种无限的物质。它的特征就是它从非个体化进入大量的样式的特性，也是在这些样式中被不同综合的永恒客体的领域。因此，永恒可能性以及其分化为个体化的多种模态就是唯一实体的属性。事实上，形而上学状态的每个普遍元素都是实体活动的一个属性。

然而，这种考虑——模态的一般属性是有限的，揭示了形而上学状态（metaphysical situation）中的另一因素（element）。这个元素必须被列为实体活动的一个属性。从其本质上来说，每个模态都是有限的，这样一个模态就不会成为其他的模态。但是，除开这些细节的限制，一般模态的非个体化被以下两种方式限制了。第一，它是一个事件的实现过程，就永恒可能性而言，这个实现过程可能是其他的，但就是那个过程。这种限制有三种形式：（1）所有事件都必须遵循的特殊的逻辑关系；（2）所有事件都遵循的关系的选择；（3）甚至在逻辑和因果的一般关系中都影响实现过程的特殊性。因此，第一种限制是先行选择的限制。就一般的形而上学状态而言，除了逻辑的或者其他的限制，还可能存在一种不加区分的模态多元。但是，在这种情形下，这些模态可能就不存在了，因为每一个模态代表了现实性的一种综合，这种现实性被限制以遵循一种标准。第二，限制是价值的代价。如果没有先行的价值标准来决定是选择还是拒绝在活动的展现模态之前的东西，就不存在价值。因此，在价值中存在一种先行的限制，引入了矛盾、等级和对立。

根据这种论述，有两种事实要求事件的过程应该在由条件、特殊化和价值标准组成的先行限制中发展。这两种事实是：现实事态是一个过程；事态是价值（这种价值需要这种限制）的突发态。

因此，作为形而上学模态中的一个更深层次的因素，便需要一个限制原则。某种特殊方式是必需的，现实事物中所包含的东西的某种特殊化也是必需的。如果不承认这一点，就是否定现实事态的实在性（reality）。它们显然的非理性的限制必须被认为是幻想的证据，且我们必须在外表之下寻找实在性。如果不承认外表之下还有实在性，我们就必须为物质活动之中的限制提供一个根据。这个属性提供了限制，对此毫无理由可讲，因为所有的理由都源自于此。上帝是终极的限制，它的存在是终极的非理性。上帝本性之中恰有的那种限制，是没有理由的。上帝不是具体的，但是它是具体的现实性的根据。我们无法为上帝的本质提供理由，因为它的本质是理性的根据。

这种说法中值得注意的是，形而上学中不确定的东西仍然必须做绝对的确定。我们这就达到了理性的限度。因为存在一个绝对的限制，这种限制不从任何形而上学的理由中产生。确定的原则在形而上学中可能需要，但是对被确定的东西来说，不存在形而上学的理由。如果存在这样一个理由，那么就不需要任何更深层次的原则，因为形而上学必然已经提供了这种确定。经验论的一般原则依赖于这样一个理论：存在一个具体原则，其不是抽象的理由所能发现的。关于上帝所能我们所能知道的更深层次的东西必须在特殊经验的宗教领域中去找寻，故而这便依赖于一个经验基础。人类对这些经验的解释存在很大的分歧。他被世人很尊重地称为耶和华、真主、梵天、天父、天道、第一因、最高存在、机会。每一个称呼都与从经验使用者的经验中延伸出来的一套思想体系相符合。

在急于确定上帝之宗教意义的中世纪和近代哲学家当中，有一种非常不好的习惯非常盛行，即赋予上帝形而上学的美誉。上帝被理解为形而上学模态及形而上学状态之终极活动的基础。如果坚持这种理解，我们就只能将上帝看作是一切善恶的根源。因此，上帝就是世间这出戏剧的最高书写者，故而世间这出戏剧的失败与成功都必须归之于上帝。但是，如果上帝被理解为限制的最高根据，那么他的本性就使得他必然将善恶区分开来，并在"他的领域"中确立理性。

第十二章　宗教与科学

　　探讨宗教与科学的关系问题，难点在于：要将这个问题阐释清楚，对于"宗教"意指什么、"科学"意指什么，我们在头脑中必须要有非常清晰的概念。同样，我希望尽可能地用最一般的方式探讨这个问题，并且在特殊信条（科学的或者宗教的）对比的背景下来探讨这个问题。我们必须理解这两个领域之间的联系的类型，然后对目前这个世界所面对的形势做出一些确定的结论。

　　当思考这个问题的时候，我们很自然地会想到宗教与科学之间的冲突。在过去的半个世纪，科学成果与宗教教义似乎已经达到了公开决裂的地步，因此，要么抛弃明确的科学学说，要么抛弃明确的宗教教义，除此之外，别无选择。双方的论战者都得出了这个结论。当然，并不是所有的论战者都持有这个结论。每一次论战都会将那些激烈的知识分子引入公开的论战中，这些知识分子持有这个结论。

　　敏感的人对这个问题所感到的忧虑、追求真理的热诚以及对这个问题重要性的认识，必然会引起我们最真诚的同情。当我们思考"对人类来说，宗教是什么，科学是什么"这个问题的时候，可以毫不夸张地说，历史未来的进程我们由这一代人对宗教与科学两者关系的界定来决定。这里，有两种最强大的普遍力量（除了各种感官冲动之外）影响着人类，并且它们似乎彼此对立。这两种力量就是：宗教直觉、精确观察和逻辑推理。

曾经，一个伟大的英国政治家建议他的同胞使用大比例尺的地图，以防止恐慌、痛苦以及对国家间真正关系的普遍误解。同样，在讨论人类本性中的永恒元素间的冲突时，我们最好用大比例尺绘制我们的历史图案，并使我们自己从目前所面临的冲突中解放出来。如果做到这点，我们立刻就会发现两个显著的事实。第一，宗教与科学之间一直存在着冲突；第二，宗教与科学两者都在不断发展。在基督教早期，基督徒普遍具有这样一个信念：在当时的人类还活着的时候，世界末日将会来临。至于这个信念是多么权威性地被公布，我们只能做间接的推测。但是，以下这一点是确定无疑的：这个信念被广大信徒们所信仰，并且成为普遍的宗教教义中最深入人心的一部分。后来，这个信念被证明是错误的，基督教教义调整自身并适应了这个转变。再者，在早期基督教教会中，个别神学家非常自信地从《圣经》中推论出关于物质世界本质的观念。公元535 年，一个名叫科斯马斯（Cosmas）的修道士①写了一本名为《基督教的地形学》的书。他是一个旅行者，曾经游历过印度和

---

① 参见勒启：《欧洲理性主义的兴起与影响》，第三章。

埃塞俄比亚，最后在亚历山大城——当时一个巨大的文化中心——的一个修道院住了下来。在这本书中，基于他自己用一种文学方式逐字逐句地推理出来的经文的直接含义，他否定地球有对立的两极，并声称世界是扁平的平行四边形，其长度是宽度的两倍。

17世纪，地动说受到了天主教庭的谴责。一百年以前，地质学所提出的时间的延展性使得宗教人士（包括新教徒和天主教徒）非常苦恼。现如今，进化论同样是宗教的绊脚石。这些仅仅是能说明一般事实的事例中的少数几个。

如果认为这种循环产生的困惑仅仅局限于宗教与科学之间的冲突，并且在这种争论中，宗教总是错误的，科学总是正确的，那我们的想法就错了。这个问题的真实情况要复杂得多，并且用简单的这几句话是无法概括的。

源于本身固有观念间的冲突，神学也展现出了同样的不断发展的特性。这个事实对神学家们来说，不过是老生常谈，但在论战之中却经常被曲解。我并不想夸大其词，所以我将只谈谈罗马天主教作家。17世纪的一位名叫彼特维阿斯（Petavius）的博学的基督教修士证明，基督教头三个世纪的神学家们所使用的语言在5世纪之后就会被谴责为宗教异端。红衣主教纽曼（Newman）撰写了一篇论文来讨论教义的发展。这篇文章是在他成为伟大的罗马天主教教父之前写的，但是，在他整个一生中，这篇论文从来没有被收回，并且不断被重印发行。

科学比神学更具有可变性。任何科学人士都不可能不加修正地认同伽利略的，或牛顿的，或他自己十年前的科学信念。

在宗教与科学两个思想领域中，一直都存在增补、分歧和修正。现在，即使我们将一千年或五百年前的论断重新拿出来，它的意义也要被限制或扩充，这些在早几个世纪是想象不到的。逻辑学家告诉我们：一个命题要么为真要么为假，不存在中间状态。然而事实上，我们知道一个表达某个重要真理的命题也要受到目前还未被发现的事物的限制或修正。我们的知识具有一个普遍的特点：我们一直都知道重要真理的存在，然而，我们能够做出的关于这些真理的唯一表达形式就是预设概念的一个一般观念，而这个观点可能被不断修正。我将列举两个科学的事例来说明这个问题。伽利略说地球绕着太阳转；宗教法庭说太阳绕着地球转；牛顿派天文学家则采用一种空间绝对论，认为太阳和地球都自转。但是，现在我们说这三种论断当中的任何一个都是同等正确的，只要你采用这些论断所采用的方式来定义你所理解的"静止"和"运动"的含义。在伽利略与宗教法庭论战的年代，伽利略陈述事实的方式对科学研究而言毫无疑问是极其有利的。然而，就这个说法本身而言，它并不比宗教法庭的说法更为正确。但在那个时代，任何人都没有产生近代的相对运动概念，因此，这个说法便是在不知道更加完整的真理要求的条件下做出的。地球和太阳运动的问题表达了宇宙中的一个真实事实。上述三方面都掌握了有关这个问题的重要真理。只是用那些时代的知识来看，这些真理显得是相互矛盾的。

我将列举另外一个近代物理学的事例。自从 17 世纪牛顿和惠更斯的那个时代以来，关于光的物理性质一直存在两种理论。牛顿的理论认为：光是由微粒流构成的；当这些微粒撞击我们的视网膜时，我们就产生了光的感觉。惠更斯的理论认为：光是由一种无所不在的以太所产生的极细微的振动波构成的，这些波随同光线一道传播。这两种理论是相互矛盾的。18世纪，人们相信牛顿的理论；19世纪，人们相信惠更斯的理论。现在，我们发现有一大群现象只能用波动理论来解释，同时另一大群现象只能用微粒理论来解释。科学家们不得不暂时保持现状，等待未来的发展，希望获得更加广阔的视野以调和这两者。

关于科学与宗教之间的分歧问题，我们应当采用同样的说法。科学与宗教这两个思想领域中的任何事情，如果我们没有看到其被以批判的研究（或者是我们自己的，或者是有博学的权威的）为基础的有力证据所证明，我们就不会相信它。但是，如果我们已经诚实地采纳了这个前提，那么两者在相互交错的细节上的冲突就不会使得我们轻易地抛弃那些具有有力证据的学说。我们可能对其中的某一套学说更加感兴趣。然而，如果我们具有远见和历史思想感，那么我们将会等待，并且不会参与这两种思想的互相攻讦。

我们应该等待，但是我们不应该被动或失望地等待。冲突是一个征兆，它标志着还存在更为广阔的真理和更为美好的前景，在那里我们发现更为深刻的宗教与更为精微的科学调和起来了。

因此，从某种意义上来说，科学与宗教之间的冲突是一个无伤大雅的小事，但人们却过分强调了。一个小小的逻辑矛盾只要稍微调整一下就可以了，可能就是双方某个特征上的小调整。我们必须记住，科学与宗教各自所处理的事件的性质有很大不同。科学是处理管理物质现象的一般条件；宗教则完全沉浸于对道德和审美价值的沉思。一方拥有的是引力定律，另一方则拥有对神性之美的沉思；一方所见的，另外一方则看不见，反之亦然。

例如，让我们来看看约翰·卫斯理（John Wesley）和亚西西的圣·弗朗西斯（Saint Francis of Assisi）的生平。从自然科学方面来说，在他们的生平中，你仅仅能发现生理化学原理和神经反应动力学原理运用的一般事例；从宗教方面来说，你则拥有世界历史上最具有深刻意义的事例。如果应用到这些特殊事例上的科学和宗教的原理缺乏完美且完整的表达法，那么从这两种不同的观点来说明这些人的生平，就会显得格格不入，这难道是值得惊奇的事吗？如果情形不是这样，它将是一个奇迹。

然而，认为我们不必理会科学与宗教之间的冲突的想法是不切实际的。在一个明智的年代，绝不存在一种放弃有关真理和谐之图景的所有愿望的主动关注。安于分歧就是对公正精神和高尚道德的破坏。具有自尊心的知识分子应该将思想上的每一种矛盾都探索到彻底解决为止。如果压制这种冲动，就不会从被唤醒的思维中获得科学和宗教。至关重要的是，我们将以什么精神来面对这个问题？在此，我们遇到了绝对重要的关键点。

理论的冲突不是灾难——它是一个机会。我将列举科学的事例来解释这一点。氮的原子量是众所周知的，同样，一定质量中的原子的平均质量总是相等的，这已经是一个确定的科学理论。已故的瑞利勋爵（Lord Rayleigh）和已故的冉赛爵士（Sir William Ramsay）发现，如果用两种不同的方法获得氮——每一种方法都同等有效，他们总是会观察到这两种情形下的原子的平均质量存在微小的差异。现在请问：如果这两个人对化学理论与科学观察之间的冲突感到失望，这是理性的行为吗？假设某个国家由于某种原因高度认同这个化学理论并将之作为自身社会秩序的基础，那么禁止揭露这一事实——科学实验产生了与之相冲突的结果——的行为，是明智的吗？是正义的吗？是道德的吗？或者换一种说法，难道瑞利勋爵和冉赛爵士应该宣布这个化学理论已经是被拆穿的西洋镜吗？我们马上就可以发现，用这两种办法对待问题都是不正确的。瑞利勋爵和冉赛爵士是这样做的：他们马上认为他们找到了某种观察的门径，根据这条门径可能发现某种以前没有观察出来的精微的化学理论。理论与观察之间的分歧不是灾难，而是扩展化学知识范围的机会。你们都知道事情最终的结局：最后氩被发现了，这种新的化学元素因和氮混合在一起而不知不觉地藏在里面。但是这个事情还有下文，正是我所要列举的第二个事例。这个发现使得人们重视精确地观察通过不同方式制取的化学物质间的细微差别。接着有人用最精密的方法进行了观察。最终，另外一个名叫弗·威·阿斯顿（F. W. Aston）的物理学家——在英国剑桥大学的卡文迪什实验室（the Cavendish Laboratory）工作——发现，甚至同一元素也可能具有两种或多种不同的形式，学名同位素。平均原子量不变的法则在各组同位素中是适用的，但在各组同位素之间稍有不同。这一研究使得化学理论的力量大大增强，其青出于蓝而胜于蓝，意义远远超过了氩元素的发现。这两个事例的教育意义是显而易见的，你们不妨将之应用到宗教与科学的问题之中去。

在形式逻辑中，矛盾象征着失败，但是，在实际知识的发展过程中，其却象征着走向胜利道路的第一步。这是必须最大限度地容忍不同意见的充分理由。这种容忍的责任已经被一劳永逸地总结在这样一句话里："容这两样一起成长，等着收割。"基督教徒不能遵循这条具有至高无上权威的教义，真是基督教历史上一件怪事。但是我们对追求真理所需要的道德品质的讨论还不彻底。捷径只能通往虚幻的成功。如果你愿意抛弃自己一半的证据，那么你就很容易找到一种逻辑和谐并能很好地应用于事实领域的理论。每个时代都有逻辑清晰的智者，他们能理解某些人类经验领域的意义，并形成或继承了一种思想体系，这种思想体系完全符合他们所感兴趣的经验。这种人常常坚决地把一切产生矛盾，因而使他们的思想体系发生混淆的证据完全搁置一旁，或设法自圆其说。凡不能配合到他们的体系中去的都被认为是胡说。唯有毫不犹豫地将全部的证据都考虑在内，才能防止像流行见解一样在两种极端之间摇摆。这个建议看起来容易，实际上却难以遵循。

难以遵循的原因之一是：我们不能预先思考构思，然后再行动。自我们出生的那一刻开始，我们就沉浸在行动之中，只能偶尔通过思考引导我们的行动。因此，在各种不同的经验领域之中，我们不得不采用那些能够在这些领域中发挥作用的思想。即使我们知道在我们的视阈之外还存在一些细微的差异，但还是要相信那些普遍有效的思想。同样，除了行动具有必要性之外，全部的证据——除非具有不完全和谐的理论的形式——都无法长期存在于我们的头脑之中。我们无法通过无限繁杂的细节来构思，我们的证据唯有在一般观念的指导下才能具有一定的意义。我们继承的这些思想形成了我们的文化传统，这种传统不是永远静止不变的。它们或者退化为毫无意义的公式，或者被更加精微的理解赋予了新的意义而增加了新的生命力。在批判理性的推动下，在感性经验之栩栩如生的证据面前，在科学观察之冷静而确定的事物之中，它不断被转变。有一点是确定的，即你不可能让它们静止不变。任何一代人都不仅仅是在重复他们先辈所做的事情。你可以在形式的流变中保持生命，或者在生命的低潮落中保持形式。但是，你不可能永久地将同一个生命圈在同一个模式中

　　欧洲各民族目前的宗教状况说明了我所提出的说法。这里的现象是复杂而混乱的。宗教的反作用和复兴是存在的。但总体上说，许多世代以来，宗教对欧洲文化的影响在逐渐衰退。每一次复兴都只能达到比前人低一等的高峰，而每一个松懈时期则陷入一个比前人更低的深渊。平均的曲线说明宗教的声势是日益消沉的。某些国家的宗教兴趣比其他国家要浓，但是，即使在那些宗教兴趣相对浓厚的国家，宗教兴趣还是随着世代的延续而衰退。宗教正在下降为一种美化舒适生活的公式。一次规模巨大的历史运动是许多原因汇合在一起造成的。在本章讨论的范围内，我打算谈论其中的两个原因。

第一，近两个多世纪以来，宗教都处于防守的状态，并且是弱势的防守状态。这个时期是人类理智获得前所未有的进步的时期。在这种情形下，思想方面产生了一系列新的状况。宗教界的思想家在任何形势下都是被动的。宗教中那些被认为至关重要的东西，经过挣扎、失落和诅咒之后，最终要么被修正，要么被重新解释。于是，下一代宗教辩护者便恭贺宗教界所获得的更深层次的洞见。在许多世代，这种不体面的撤退不断重复着，最终几乎完全毁掉了宗教思想家的知识权威性。我们不妨对照一下：达尔文或爱因斯坦宣布的那些理论修正了我们的思想，这便是科学的成功。我们不会因为旧的科学理论被抛弃了，而认为科学又失败了。我们知道科学的洞见获得了进一步的发展。

除非以与科学一样的精神面对改变，否则宗教将永远不会重获它昔日的力量。宗教的原则可能是永恒的，但这些原则的表达方式需要不断发展。宗教的发展主要就是清除前一代人用幻想的世界图景来解释它的观念时所产生的复杂成分，从而把自己的固有的观念解放出来。像这样将宗教从不完美的科学的束缚中解放出来，是好的。它澄清了自己真正的使命。必须牢记一点：通常说来，科学的每一次进步都将说明各种宗教信念的表达方式需要做出某种修正。这些表达方式可能要加以扩充、解释，或者完全用另一种方式表达。如果宗教本是真理的一种合理表达，这种修改就只是把重点更加精确地表达出来。这个过程就是一种收益。因此，迄今为止，只要任何宗教与自然界事物有任何接触，那么随着科学知识的进步，有关这些事实的观点就必须不断地加以修正。在这种方式下，这些事实对宗教思想的确切意义就会越来越明确。于是，科学的进展就必然会不断修正宗教思想，因而对于宗教有莫大的好处。

十六七世纪宗教界的论战，使神学家们形成了一个最糟糕的思想状态。他们一直在不停地攻击和防守。他们将自己描绘为被敌对势力所包围的城堡的卫士。所有这些说法都只是一种似是而非的真理。这便是它们流行的原因。但是这些说法非常危险。这种特殊的描绘培养了一种好斗的党派精神，这种党派精神是彻底缺乏信心的真实表达。他们不敢加以修正，因为他们企图逃避责任，不愿斩断自己的性灵使命与某种个别的幻想之间的联系。

请允许我通过一个事例解释我的说法。在中世纪早期，人们认为天堂就是天上，地狱就是地下，而火山是地狱的峡口。我不是说这些信念已经成为正式的学说，但它们却成为普遍流行的关于地狱与天堂的教义。每个人都认为未来的教义中就包含了这些观念。它成为基督教信仰最有势力的解释者的说法。例如，教皇格列高利①（Pope Gregory）的《对话录》（*Dialogues*）中就出现过这种观念。这人的官职地位极高，世界上比这地位更高的唯有他自己对人类的服务。我不是在说明关于未来的说法我们应该相信什么。然而，无论正确的教义应当是什么，科学和宗教总是存在冲突。科学把地球降为附属于不重要的太阳的一个次要的行星，因之就把中世纪的那些幻想驱除

_____

① 参见格黎哥罗维阿斯（Gregorovius）：《中世纪罗马史》，第三卷，第三章，英译本第二本。

了。这样一来，这一冲突对宗教的性灵事务便有许多好处了。

探讨宗教思想演化问题的另一方式就是要注意，任何口头叙述方式在世人面前考验一段时间之后，就会暴露出含糊不清的地方。而经常是这些含糊不清的地方具有重要的作用。如果单从逻辑上去分析口头叙述——在当初不了解逻辑之重要性时所做出的，是无法确定一个教义在过去所具有的实际意义的。我们还必须考虑人性对思想体系的全部反应。这种反应的性质是复杂的，包括人性低处所发出的感情因素。科学和哲学的客观的批判，在这一点上有助于宗教的发展。有关宗教发展之推动力的事例，举不胜举。例如，在贝拉基（Pelagius）和奥古斯丁（Augustine）的时代——也就是在 5 世纪初期，利用宗教力量清洗人性的这种说法在逻辑上的困境引起了基督教的分裂。那场争论的余音在神学中一直缭绕不绝。

到目前为止，我的观点如下：宗教是人类之某种基础经验的表达方式；宗教思想不断发展而变得越来越精纯，并不断排除繁杂的想象；宗教与科学之间的互动是推动这种发展的一个巨大因素。

第二，宗教兴趣的衰退的第二个原因牵涉到我在开头那一句话中所说的一个终极的问题。也就是说，我们必须清楚我们所说的宗教是什么。教会在回答这一问题时，不是在宗教的各方面提出适合过去时代的感情反应的说法，便是提出足以使现代非宗教人士感兴趣的说法。我所说第一种情形是这样：宗教诉求一部分是激起人们对暴君发怒的本能恐惧（这是古代专制王国的苦难臣民心中最深刻的印象），特别是激起人们对不可知的自然力量后面的全能暴君发怒的恐惧。对兽性恐惧的固有本能的宗教诉求正逐渐失势。因为现代科学和现代生活条件告诉我们，遇到恐惧时要用分析的方法来分析它的原因和条件，所以这一方法便得不到直接的反应。宗教是人性寻求上帝的反应。把上帝描述为一种强力，就会激起现代人批判性的本能反应。这是一个具有决定意义的问题，因为宗教的主要论点如果不能立即赢得人们的拥护，它就要垮台。在这一方面，古老的修辞有违于现在文明的心理学。心理学上的变化在很大程度上要归于科学，并且其实科学进步是削弱旧宗教的表达形式的一种主要方式。建立现在社会之良好组织的渴望就是现代宗教思想之中的非宗教动机。宗教被描述为对有序生活是有价值的。宗教成立的理由由它裁定正当行为的功能决定。正当行为的目的又很快就退化为愉悦社会关系的形式。在此，随着其在激烈的伦理直觉的影响下的逐渐净化，我们发现宗教思想发生了微妙的退化。行为是宗教的副产品——一个无法避免的副产品，但不是主要方面。每个伟大的宗教宗师都反对将宗教说成只是行为准则的裁定者。圣·保罗曾指斥法律，清教徒的神职人员则把正义说成是一堆破铜烂铁。坚持行为准则标志着宗教热忱的减退。最要紧的是：宗教生活并不是追求舒适的生活。现在，我要自信地①说说我所认为的宗教精神的基本性质是什么。

宗教是某种东西的异象。这种东西处在变动不息的事物之

---

① 英文原文为"in all diffidence"，疑为"in all confidence"，按照后者译出。——译注

流之外、之后、之中；这种东西是真实的，但还有待实现；它是一个渺茫的可能，但又是最伟大的当下事实；它赋予所有已发生的事情以意义，但又避开了人们的理解；它所拥有的是终极的善，但又可望而不可即；它是终极的理想，但又是毫无希望的探求。

人性对宗教异象的直接反应就是崇拜。宗教与野蛮想象力最原始的幻想混合在一起，渗入了人类经验之中。这种异象在历史进程中逐渐地、缓慢地、稳定地重现，并且形式越来越高级，表达方式越来越清晰。当重新获得力量的时候，它就以更丰富和更纯洁的内容重现了。宗教异象及其不断扩大的历史过程，是我们持有乐观主义态度的根据。离开了宗教，人生便是在无穷痛苦与苦难之中昙花一现的快乐，或是短暂体验之中一种微不足道的琐事。

宗教异象要求的只是崇拜，而崇拜就是在互爱的力量的驱使下接受同化。这一异象从不作否定，它总是存在，并充满爱的力量。这种爱的力量代表一种目的，完成这种目的就是永恒的和谐。我们在自然界中所发现的这种秩序绝对不是力，它将自身展现为一种对复杂细节的谐和的调整。恶就是达到支离破碎的目的的兽性驱动力，其无视永恒的异象。恶就是否决、阻碍和伤害。上帝的力量在于他所激发出的崇拜。如果一种宗教的思想方式和仪式促使人们领会到了高于一切的异象，那么这种宗教便是强大的。对上帝的崇拜不是一种安全法则，而是一种精神的进取，是追求不可达到的目的的行动。高尚进取心的窒息就是宗教灭亡的来临。

第十三章　对社会进步的要求

连续几个世代以来，人类的活动都由本能观念控制着。本系统讲演的目的是分析科学在构成这种观念的背景时的反应。当说明一切后，关于事物的结局，这种背景就会形成某种含糊的哲学形式。这三个世纪构成了现代科学的时代，它们围绕着上帝、精神、物质以及用简单位置表示物质而产生的时间与空间等观念发展。哲学总体来说强调精神，因此，在最近过去的两个世纪中，与科学没有接触。然而，由于心理学的兴起以及其与心理学的联系，哲学便有渐次恢复旧观之势。在最近一个世纪，17 世纪所确定的物理学原则的崩溃也帮助了哲学的这次复兴。但是，在这次崩溃之前，科学一直稳稳地停留在物质、空间、时间以及后来的能量概念上。同样，也存在决定空间运动的武断的自然法则。这些法则是通过经验观察获得的，但由于某种模糊的原因被人们当作普遍的。任何在实践中或在理论上漠视这些法则的人，都受到严厉的谴责。纵使人们也许不怀疑科学家相信自己的说法，但在科学家们看来，这个论点也纯属胡扯。因为他们现在的哲学完全不能证明这样一个假定，即对任何目前事态所具有的直接知识能够阐明事态的过去或者未来。

我也提出了另外一种科学哲学，在其中有机体取代了物质。为了这个目的，唯物论中的精神便分解成了机体的机能。心理学领域标志着事物的本质。我们的躯体事件是一个非常复杂的机体形式，所以它包括认识。进一步来说，从最具体的意义上来讲，时间与空间便是事件发生的场所。一个有机体是价值的一个确定形态的实现。某种现实价值的出现依赖于对调和各种不同意见的限制。因此，事实上，由于自身的限制，一个事件就是自身的一种价值；但正由于它的这种本性，为了成为它自身，它又需要整个宇宙。

重要性取决于持续。持续就是在时间之中保持价值的达成态。持续的东西是自身固有模式的同一。持续需要有利的环境。整个科学都环绕着持续机体这个问题。

目前科学的一般影响可以从以下四个方面来分析：(1)关于宇宙的一般概念；(2)技术的应用；(3)知识的专业化；(4)生物学说对于行为动机的影响。关于这些，在前面几讲中我已经努力做了一个概述。在这最后的一讲中，便应谈一谈科学对文明社会所面临的问题的反应。

由科学引入近代思想之中的一般概念不能与笛卡尔所说的哲学状态相分离。我的意思是：作为独立存在的个别实体，肉体和精神两者都由于自身的缘故而存在，完全无须涉及对方。这个看法与从中世纪的道德原则中产生的个体主义非常一致。

然而，这样虽然解释了为什么这一概念容易被人接受，但它自身的来源却模糊不清。这是很自然的事，也是非常不幸的事。道德原则强调了个别实体的内在价值，这种强调将个体和个体经验的概念放入了思想背景之下。混乱也就从这一点上开始的。每个实体自然发生的个体价值被转化成了它的独立的实体存在，这是一个完全不同的概念。

我不是说笛卡尔用明确推理的方式造成了这个逻辑的或更确切地说非逻辑的转化。绝对不是这样。他首先做的是把注意力集中在自己的自觉经验上，这种经验被当作他自己的独立的心理世界中的事实。流行的这种对整个自我的个体价值的强调，引导着笛卡尔用这种方式思考。他隐晦地把他自身这一实体所固有的自然发生的个体价值变成了饱含激情、模态和独立实体的个人世界。

被赋予躯体实体的独立性，使得这种实体完全脱离了价值的领域。它们退化成了一种完全没有价值的机构，只能提示一些外表的机巧性。天国也失去了上帝的荣耀。新教从依赖于一种物质媒介的美学效果那里退缩了，这解释了这种说法。这样退缩回来就会把价值赋予那些本身毫无价值的东西。在笛卡尔以前，这种缩回的趋势就已经很明显了。因之，笛卡尔的有关没有内在价值的物质粒子的科学理论，只是一个理论——这个理论在进入科学思想和笛卡尔哲学中之前就已经流行了——的用词明确的表达。或许这个理论在经院哲学之中已经潜在地存在了，但直到遇见这位 16 世纪的北欧思想家，它才产生了效果。然而，笛卡尔所装备起来的科学使得这一观点稳定下来，并赋予了其在知识领域中的地位。这一观点对近代世界的道德前提具有极其复杂的影响。它的好的影响源于，其可以作为16世纪非常适于探索的狭窄领域中的、有效的科学研究方法。远古野蛮时代的歇斯底里在欧洲思想上遗留了污点，这个好的影响就是将这些污点普遍清理掉。这些都是好的，而且在18世纪也完全实现了。

但是，到了19世纪，也就是社会进入工业化的时期，这些理论的坏的效果就产生了非常致命的影响。把精神作为独立实体的学说，不仅直接引导出了个人私有的经验世界，而且引导出了个人私有的道德世界。道德直觉被认为只能应用于全部个人私有的心理经验世界。因此，自尊与充分利用自己的个人机会这两个概念，一起构成了那个时期工业家中的领袖人物的现实道德。现在，前三个世代的狭窄的道德面貌还使得西方世界备受折磨。

同样，认为单纯的物质没有价值的假定，使得人们对待自然和艺术的美缺乏尊敬。当西方世界的城市化快速发展时，当对新的物质世界的审美性质进行最精微的、最迫切的研究必不可少时，认为这类观念没有考虑价值的说法达到了最高峰。在工业化最发达的国家中，艺术被当作一种儿戏对待。19世纪中叶，在伦敦可以看到这种思想的一个显著实例。泰晤士河湾曲折地通过城区，其优美绝伦的美被查令十字铁路大桥肆意地损毁了。建造这座大桥时，根本没有考虑审美价值。

由此产生了两个恶果：(1)无视每个机体与其所在环境的真正关系；(2)产生了无视环境的内在价值的习惯，而在任何有关终极目的的思考中，环境的内在价值必须充分估计进去。

专业人才训练法的发现是现代社会所遇到的另一个伟大的事实。这些专业人才在特殊的思想领域中事业化，因而不断地增进了他们各自学科范围内的知识。由于知识专业化的成功，我们有两点必须牢记，正是这两点使得我们的时代不同于古代。第一，现代的进步是如此迅速，以至于一个普通寿命的人会遇见各种新奇的情景，这些在他过去的生活中是找不到对应物的。有专职专责的人，在古老的社会中是一种天赐之福，但在未来的世界中将对公众贻害无穷。第二，就知识领域而言，现代的知识专业化产生了相反的效果。现代化学家可能在动物学方面的知识很弱，而在伊丽莎白时代的戏剧方面的一般知识就更弱了，并且可能对英文诗的韵律规则毫无所知。而其对古代史的知识则更是一窍不通。当然，我所说的是一般趋势，因为化学家并不比工程师、数学家和古典学家更糟糕。有效的知识是专业知识，再辅以对服务于专业的有益题目具有一定的认识。

这种情形具有它的危险性。它产生出了限于一隅的思想。每个专业都进步了，但仅仅是在各自的一隅里。在思想上限于一隅，在一生中便只会思考既定的某一套抽象概念。此一隅防止人们在荒野上流浪，而抽象概念是从没有人再加以注意的东西之中概括出来的。然而，任何抽象的一隅都不足以包含人生。因此，在现代社会，中世纪知识分子的禁欲主义就被一种知识禁欲主义——与对完整事实的具体思考相隔离的——代替了。当然，没人仅仅是数学家或仅仅是律师。在自己的专业或业务之外，人们都有自己的生活。但是，问题点在于真正的思想被局限在一隅之中了。生活的其余部分被一个专业的，其自身不完美的思想范畴浅薄对待了。

专业化的这一方面所导致的危险是巨大的，尤其在我们的民主社会。理性的指导力量被削弱了。知识领袖缺乏平衡。他们看到了这组状况或那种状况，但没有看到全面。协调的任务就留给了那些不是缺乏在某个特定职业中获得成功的力量就是缺乏在某个特定职业中获得成功的特性的人。简而言之，社会的专业化只能履行得更好，更加进步，但总的方面却缺乏前景。细节上的进步只能增加由于协调无力而产生的危险。

无论你怎样来解释社会的含义，对现代生活的这一评论都可以适用于一切环境。不论你是将其适用于一个国家、一个城市、一个地区、一个机构、一个家庭，甚至是一个人，它都是成立的。特殊的抽象理论在发展，具体的理解在退化。

不能是国家、城市、地区、机关、家庭，甚至是个人，都是一样。整体沉浸在某一个局部之中。我不想坚持说我们的指导智慧——无论在个人方面还是在社会方面——都不如从前了。或许，我们的这种智慧还稍微增进了一点。但是，如果要避免灾难，新获得的进步就需要更强的指导力量。问题是，19世纪的发现都是朝着专业化的方向的，因此，我们没有指导智慧增长的空间，同时我们也更加需要这种智慧。

智慧是平衡发展的成果。这种个性的平衡发展是教育应该确保达到的目的。对于不久的将来而言，最有用的发现就是能增进这一目的，同时又不妨碍必要的知识专业化。

我对我们传统教育方法的批判是：过于偏重对知识的分析和获得公式化的知识。我的意思是：我们没有注意培养一种习惯，即在发生态价值之间的充分的相互作用中具体理解个别事实的习惯，我们仅仅强调抽象公式，而抽象公式却无视多种价值间的相互作用。

各国都在考虑普通教育和专业化教育的平衡问题。除了我的祖国，我没有掌握任何国家在这方面的第一手材料，不敢妄谈。我知道在我的祖国，实践教育者们对现存的教育实践非常不满。同时，整个教育制度不能适应民主社会的要求这一问题也根本没有得到解决。我并不认为解决这一问题的秘诀在于把彻底的专业知识与较浅的普通知识对立起来。平衡彻底的专业知识培训的东西，应该是一种与纯智力分析的知识完全不同的训练。目前我们的教育是深入研究少数抽象概念，然后再较为广泛地稍稍研究其他更多的抽象概念。我们学校的课程简直太死抠书本了。一般训练应当以阐明具体认识为目的，同时应当满足青年人"做"（be doing something）的欲望。甚至在这里可以有一些分析，但只要能阐明不同领域中的思想方法就够了。在伊甸园中，亚当在给动物命名之前就看见动物了，但在我们的传统教育体系中，儿童是先知道动物的名字，然后才看见动物。

对于教育的实际困难，不存在简单单一的解决方法。然而，我们可以用一般理论中的某种简单的方式来指导自己。学生应当集中在一个限定的领域里。这种集中必须包括一切实际上的和知识上的必要条件。一般过程都是这样，我个人倾向于促进而不是妨碍这种集中。伴随这种集中过程，还有一些辅助的学习，如科学语言的学习。这种专业训练计划，必须导向一个适合于学生的明确目标。我们无须为这一说法多做解释。当然，这种训练必须具有适合于本身目的的宽度。但设计它时，不需要考虑其他目的，以免变得过于复杂。这种专业训练只能涉及教育的一个方面。它的重心在于知识，它的主要工具是书本。训练的另一方面的重心应在于直觉，且不要脱离对整体环境的分析。它的目标是：在最小程度地损失分析之精华的条件下达到直接的理解。最需要的普遍概念是认识各种价值，这就是审美方面的一种发展。在单纯实践的人之粗鄙的事业化价值与空谈的学者之微弱的事业化价值之间存在另一种东西。这两种人都是缺少某种东西，并且即使把这两种事业化价值加在一起，也得不到所欠缺的东西。我们所希望获得的东西是对一个机体在其固有的环境中所达成的各种生动的价值的认识。你理解了太阳、大气层和地球运转的一切问题，你仍然可能遗漏了太阳落下时的光辉。对事物在其实际环境中的具体达成态的直接认识是没有任何东西可以代替的。我们需要的是具体事实，并且需要把它有价值的地方显示出来。

我所说的是艺术和美学教育。然而，但这里所说的艺术含义非常广泛，我甚至不愿用艺术这个名词。艺术是个特别的例子。我们所希望的是培养出审美的习惯。根据我所阐述的形而上学理论，这样做是为了增加个性的深度。对现实的分析说明了两个因素，因为活动引申为个体化的美学价值。同样，发生态价值也是活动个体化的测量尺度。我们必须培养维持客观价值的创造力。没有创造力，将不能获得领悟；没有领悟，同样不能获得创造力。只要接触实际情况，你就不能排除具体活动。没有推动力，敏感性就会变成惰性；没有敏感性，推动力就会变成粗野。我是在最广泛的意义上使用"敏感性"这个术语，因之便包括对本身之外的东西的领悟，也是说，对一件事情中的全部事实的敏感性。因此，我所追求的广义的"艺术"，便是一种选择方法，这种方法把具体的事物安排得能引起人们重视它们所实现的特殊价值。例如，布置好身体和眼睛的位置，以便能看到日落的美景，这便是艺术选择的一个简单实例。艺术的习惯就是享受生动的价值的习惯。

但在这种意义上而言，艺术所顾及的并不止是日落。一个工厂，由于它的机器、工人组成的社区、它对普通大众的社会服务、它对于组织与设计天才的依赖、作为它的股票持有者的财富的泉源的潜力，是展现各种生动价值的一个机体。我们所要训练的就是全面理解这样一个机体的习惯。在亚当·斯密死后（1790）的初期，认为政治经济学的研究是弊大于利的观点值得争论。它破除了许多经济学的谬论，并教导人们怎样理解当时正在进行的经济革命。但是，它又让人们顽固地接受了一套抽象概念，这套抽象概念对现代思潮的影响是极其有害的。它把工业中人的成分一笔勾销了。这仅是现代科学所固有的普遍危机中的一个例子。它的方法程序是排他的、不宽容的，而且确实如此。它注意某套明确的抽象概念，却忽视了其他一切东西，同时它把有关自身内容的一切资料和理论都加以解释。只要这套抽象概念被证明是正确的，那么这种方法就是成功的。

然而，不论这种方法怎样成功，它总是有限度的。忽视这些限度就会导致严重的失察。由于能保持有用的方法论，科学的反理性主义具有部分合理性，其有一部分仅是非理性的偏见。现代的专业化就是训练人们的脑筋去遵循方法论。17世纪的历史性革命和更早时期对于自然主义的反应，都是超越中世纪有教养阶层所迷恋的抽象概念的例子。在这些较早的历史时期，人们都具有理性主义的理想，但却没能追求它。因为他们没有认识到推理的方法需要抽象作用所包括的限制。相应地，真正的理性主义必须经常超越自身——通过重现具体事实的方式，以求得灵感。自我满足的理性主义实际上就是反理性主义。这是在某套抽象概念上武断地停住了。科学的情况就是如此。

在事物的本质中存在两种原则：变化的原则和守恒的原则。不论我们探讨哪个领域，它们都以一些特殊的形式体现出来。缺少这两个原则，就不可能存在任何实在的东西。只有变化没有守恒，便是从无到无的过程。它最后的汇集仅仅能产生一种转瞬即逝的非存在的实体（non-entity）。只有守恒没有变化，就无法守恒。总之，环境处在流变之中，单纯的重复就将使存在失掉新颖性。现存实在的性质是由事物流变中持续的机体构成的。机体的低级形式达到了自我同一，这种自我同一统治着它们的整个物理生命。电子、分子和晶体都属于这种形式。它们展示了实质的和完整的同一性。在出现生命的较高形式中，情形更为复杂。因此，虽然存在复合的持续的模式，但这模式退到了整个事物的深处。从某种意义上来说，人类的自我同一比晶体的自我同一更抽象。这种自我同一是精神的生命。它与创造性活动的个体化有关。所以，从环境中获得的不断变化的条件与有生命的人格分开了。人们认为那些条件构成了它的被感知的领域。实际上，知觉领域和感知精神都是一些抽象概念，这些抽象概念在具体情形中构成了连续的身体活动。由于限于感官对象和转瞬即逝的感情，心理领域具有较小的恒定性，仅仅能免于变成单纯变化那一类的非存在的实体；精神是主要的恒定性，它充满在整个领域中，这个领域的持续性就是活的灵魂。但是，如果没有转瞬即逝的经验来充实，灵魂就会枯萎。高级机体的秘密就在于这两个等级的恒定性。在这种方式下，环境的新颖性就被吸收到灵魂的恒定性中去了。不断变化的环境由于自身的多样化，不再是机体持续性的敌人。高级机体的模式退到了个体性的活动低处。这已经成为高级机体对待外界条件的一致方式，并且，如果所处理的外界条件有适当变化，这种方式便会加强。

灵魂的充实就是需要艺术的原因。一个静止的价值（无论如何重要），由于它的持续态过于单调，就变成不可忍耐的了。灵魂大声呼唤，要求解放到变化之中来。它遭受着幽闭禁绝的痛苦。幽默、思虑、玩笑、游戏、睡眠的变化，尤其是艺术的变化，对于灵魂说来都是必需的。伟大的艺术就是为灵魂创造生动的但转瞬即逝的价值而排列环境。人类一度需要有些能使他们全神贯注的东西，需要有些反常的、他们能盯着看的东西。但是，我们无法将生命分开，除非在思想的抽象分析中。因此，伟大的艺术不仅仅是一时的爽快。它为灵魂增添了自我达成的恒定的丰富内容。通过自身所具有的直接享乐，也通过自身所具有的内在存在的法则，伟大的艺术证明了自己的合理性。它的法则和享乐并没有区别，而是由享乐产生的。它使灵魂变成了价值的永恒实现，这种价值超越了它从前的自我。通过艺术本身的历史所展现的活动，我们可以看到艺术的这种变化因素。当一个时代充满了任何一个风格的杰作时，人类就必须寻找出某种新的东西。人类不断地前进着。然而，事物中还是存在一个平衡。在充分达到达成态之前，变化——无论在性质上还是在产物上——都是最伟大性的破坏。现存的艺术——不断发展着，然而又在远离它的永恒目标——的重要性是不能加以夸大的。

对于文明社会的审美需要，科学的反应到现在为止都是不幸的。它的唯物论基础使人们把事物和价值对立起来。如果从具体的意义来看，这种对立是虚假的。但从一般思想的抽象水平上来看，这种对立是真的。这种错误的强调和政治经济学的抽象概念结合起来了。实际上，商业活动就是按照这些抽象概念进行的。因此，一切有关社会组织的思想都用物质的东西或资本来表明。终极的价值被排斥了。人们对这些价值敬而远之，然后把它转交给神职人员做礼拜用。某种商业竞争的道德信条被制定出来，在某些方面极其高尚，但却完全没有考虑人生价值。工人被当成劳工窝里抽出来的人手。对于上帝提出的问题，人们给出的答复就是该隐的答复：我是看守我兄弟的人吗？他们也犯了该隐的罪。英国的工业革命就是在这种气氛中完成的，其他地方在很大程度上也是这样。过去的半个世纪，英国内部的历史大部分是缓慢而痛苦地消除新时代初期所遗留下来的恶果的努力史。文明也许无法从使用机器后所造成的恶劣气氛中恢复过来了。这种气氛充满了北欧进步民族的整个商业体系。之所以造成这种情形，原因部分在于新教徒在审美上的错误，部分在于科学唯物论，部分在于人类天生的贪欲，还有部分在于政治经济学的抽象概念。对我这一看法的解释，可以在麦考莱（Macaulay）评论骚塞（Southey）《关于社会的对话》（*Colloquies on Society*）的那篇文章中找到。这文章写于 1830年。现在，麦考莱已经成了当时或历代人物中最受推崇的人之一。他具有天才，是一个心地善良和受人尊敬的改革家。下面是该文章中的一段：

> 我们被告知：我们这个时代所产生的滔天罪恶超过了我们祖先的想象。现在社会所处的状况甚至还不如完全毁灭好。这一切都是由纺织工人所住的四壁萧然的长方房子造成的。骚塞先生说他已经找到了一种可以把工业与农业的效果加以比较的方法。这种方法是什么呢？就是站在山顶眺望茅屋和工厂，看看哪个更可爱。

骚塞在他的书中似乎说了不少蠢话，但就这段引文来看，他如果在近一个世纪之后的今天再回到人间，也是很吃得开的。现在，早期工业制度的恶果成为老生常谈。我所坚持的是：即使那时最贤明的人，在考虑美学在一个民族的生命中的重要性时，也是睁眼瞎子。就是今天，我也不认为我们已经几乎做出了正确的估价。造成这一严重错误的一个有力因素是这

样一个科学信条：运动的物质在本质上是具体的实体。因此，
美学价值就变成了一个外来的、不相干的附属物。

这种衰败可能性的景象还存在另一方面。在科学与技术飞
跃发展的新环境中，未来的文明将是什么？这是现在的热门问
题。未来的恶果已经从很多方面诊断出来了，比如宗教信仰的
缺失、滥用物力、有利于低等人类的差别出生率所造成的退化、
审美创造性的受压制，等等。毫无疑问，这些都是危险而可怕
的恶果。但这些都不是什么新鲜问题。人类历史伊始，人类就
一直在丧失自己的宗教信仰，一直在遭受滥用物力的危害，一
直在遭受由优秀人物的不孕不育所造成的不幸，一直在目睹艺
术周期性的衰败。在埃及国王吐坦卡蒙（Tutankhamen）统治时
期，现代主义者与原教旨主义者进行了一场你死我活的宗教斗
争。洞窟中的壁画显示出有一个时期具有精美的美学成就，后
来这一时期被一个庸俗的时代取代了。在中世纪时代，宗教界
领袖、伟大的思想家、伟大的诗人与作家，以及全部的神职人
员，都没有什么创造能力。最后，如果不看民主政治、贵族、
君主、将军、军队和商人的表面现象，而看看过去究竟发生了
什么，我们就可以看出一般人使用物力是盲目的、固执的、自
私的，甚至往往是恶意的。然而，人类还是进步了。甚至拿人
类历史中极其光辉的一小段来看，如果把一个现代人放到古希
腊的鼎盛时代，最有可能过得幸福的也许是一个重量级的职业
拳击手，而不是来自牛津或德国的希腊学者，这和目前的情形
完全一样。诚然，牛津的希腊学者的主要作用就是他能写一篇
颂词来替拳击手捧捧场。令一个现代人在目前自己的工作中感

到丧气的，莫过于叫他把往日的优越与现在的一般失败相比较。

总之，历史上确实存在衰败的时期，并且现在也和其他时代一样，社会正处在衰败之中，必须找出挽救的办法。专家并不是世界上新出现的东西。但在过去，专家已经形成了不进步的阶层。关键是现在的专家已经和进步分不开了。目前，世界面临着一种无法控制的自组织体系。在这种情形中，危险与好处并存。显然，物力的增长将为社会的进步提供机会。如果人类善于处理困局，那么在我们的前面确实存在一个有益于创造的黄金时代。但从伦理上来讲，物力本身是中性的。它同样能向错误的方面发展。现在的问题不是怎样产生伟大的人物，而是怎样产生伟大的社会。伟大的社会将使人知道如何应付这局面。唯物主义哲学强调物质的既定数量，并从此推演出环境的既定特性。因此，它给人类的社会良心带来非常不良的后果。它几乎完全把注意力导向了一个固定环境中的生存竞争。从很大程度上来说，环境是固定的，在这个环境内生存竞争是存在的。戴着玫瑰色的眼镜看世界，是非常愚笨的。我们必须承认斗争的存在。问题是：谁将被消灭。作为教育学家，我们对这一点具有清楚的概念，因为这一点决定了将产生哪一类的人物，也决定了应向人们灌输哪一类的实际伦理。

然而，在过去的三个世纪，人们完全把注意力导向了生存竞争这一面，于是就产生了特别严重的灾难。19世纪的口号就是生存竞争、竞争、阶级斗争、国与国之间的商业竞争、武装斗争。生存竞争已经被解注到仇恨的福音中去了。幸而从演化的哲学中所得出的全面的结论是很平衡的。成功的机体改变了它的环境。能改变环境、相互协助的机体就是成功的机体。这一法则以极大的规模在自然界中被体现出来。例如，北美印第安人接受了他们的环境，结果很少的人口也几乎无法在整个大洲上生存。欧洲民族到这个大陆以后，采取了相反的政策。他们立马协力改变了环境。结果是比印第安人多 20 倍的人口占据了同一块土地，而这一个大陆还没有住满。同样，还有许多不同的种族联合起来相互协助。种族间的分化体现在最简单的物理实体中，例如电子与正原子核之间的联合，以及整个的生物界之中的联合。巴西森林中的树木依靠着各种不同的、彼此相互依赖的物种之间的联合。一棵树单独生存就要受到变幻无常的坏境中的所有不利时机的影响。风可能吹折它，温度的变化可能妨碍树叶的生长，雨水可能冲刷走它的土壤，它的落叶可能被吹走而不能作为肥料。在特殊环境或人工培植下，你可以获得单独生长得很好的树木。但在自然界中，树木一般要联合成树林才能长得茂盛。每一棵树可能在完满生长方面要失去一些东西，但它们相互协助保持了生存的条件。土壤被保持住了，并且有了树荫；形成肥料所必需的微生物不会被晒死、冻死或冲走。一个树林就是互相倚靠的物种组织起来以后获得的胜利。进一步来说，危害森林的微生物物种也自行消灭了。同样，两性也说明了分化之同样的好处。在世界的历史中，胜利从不会属于那些在暴力方式或防卫武器方面见长的物种。事实上，自然最初所产生的动物都是躲在硬壳里以防卫生命的灾害。在躯体的大小上也曾有过一段尝试。但是，没有体外甲胄的、热血的、敏感而机警的小动物清除了陆地上的这些大怪兽。狮子和老虎也不是获胜的种类。它们惯于使用强力，这使得它们有时不能达到目的。使用强力的主要缺点就是妨碍了协作。每一种机体都需要一个友好合作的环境，这部分是防卫突然的变化，部分是供给需求。强力的福音与社会生活是不相容的。我所谓的强力，是指最广泛意义上的对抗。

同一的福音几乎是同样危险的。人类国家与民族间的差异，对于保持高度发展所需要的条件是必要的。动物向上发展的一个主要因素就是能够四处走动。这或许是披着甲胄的怪兽处处吃亏的原因。它们不能四处走动。动物走进了新环境，它们必须使自己适应新环境，否则就会死。人类从森林走到了原野，又从原野走到了海岸，从一种气候走进了另一种气候，从一个大陆走进了另一个大陆，从一种生活习惯过渡到另一种生活习惯。当人类不再走的时候，他就不能在生物领域中得到发展了。身体走动仍然很重要，但更为重要的是人类精神上的活动，包括思想活动、感情活动和审美经验活动。对于为人类精神的奥德赛提供驱动力和材料来说，必须存在人类社会的多样化。习俗不同的其他国家并不是敌人，它们是天赐之福。人类需要自己的邻居具有足够的相似之处以便互相理解，具有足够的相异之处以便引起注意，具有足够的伟大之处以便引起钦佩。然而，我们不能期望人们具备所有的美德。如果人们具有奇特到能激发人兴趣的地方，我们甚至就应当感到满意。

现代科学使人类有四处走动的必要。它的进步思想和进步技术使得从一个时代到另一个时代都有去未有航线的海洋冒险的必要。四处走动的最大好处在于：它是危险的，故而需要掌握技术以避免灾祸。因此，我们必须希望未来会出现危险。未来的作用就在于有危险，而科学的诸好处之一就在于能使未来不具有危险。统治 19 世纪的、成功的中产阶级对平静的生活赋予了过多的价值，他们拒绝面对新的工业制度所引起的社会改革的必要，现在他们又拒绝面对新知识所引起的知识革命的必要。中产阶级对世界之未来的悲观，源于他们混淆了文明与安定。不久的将来，安定将比不久的过去少。我们必须承认，一定程度的不稳定是存在的，这种不稳定与文明是不相容的。但总体说来，伟大的世纪都是不稳定的世纪。

在这一系列讲演中，我力图描绘出思想领域中的一次大冒险，西欧各民族都有份参加了这次冒险，它以群众运动的缓慢速度发展着。半个世纪是它的时间单位。这个故事是一次理智显示的史诗。这个故事告诉我们：经过先前时期的一段长期的准备后，一个民族的理智上的一个特殊方向是如何产生的。产生之后，它的主题是如何逐渐展示出来的。它是如何获得了胜利的，它的影响是如何决定人类行动的源泉的。最后，当它达到胜利的顶点时，它又是如何显露了自身的界限，于是唤起人们再次运用创造性思想的。这一故事的寓意就是理性的力量，即它对人类生活的决定性影响。伟大的征服者——从亚历山大到恺撒，从恺撒到拿破仑——都深刻地影响了后世人的生活。但是，如果与人类习惯、人类精神——由从泰勒斯（Thales）到现代的一系列的思想家所创造的——的整体转变比较起来，这种影响的总体效果就显得微不足道了。从个体来说，这些思想家是没有力量的，但最后却是世界的主宰。

图书在版编目(CIP)数据

科学与近代世界 /（英）阿尔弗雷德·怀特海著；黄振威译. —北京：北京师范大学出版社，2017.7
（怀特海文集）
ISBN 978-7-303-21567-6

Ⅰ.①科… Ⅱ.①阿… ②黄… Ⅲ.①自然科学－影响－文化史－西方国家 Ⅳ.①K103

中国版本图书馆 CIP 数据核字(2016)第 287216 号

营　销　中　心　电　话　010－58805072　58807651
北师大出版社高等教育与学术著作分社　http://xueda.bnup.com

KEXUE YU JINDAI SHIJIE
出版发行：北京师范大学出版社　www.bnup.com
　　　　　北京市海淀区新街口外大街 19 号
　　　　　邮政编码：100875
印　　刷：北京京师印务有限公司
经　　销：全国新华书店
开　　本：890 mm×1240 mm　1/32
印　　张：7.75
字　　数：170 千字
版　　次：2017 年 7 月第 1 版
印　　次：2017 年 7 月第 1 次印刷
定　　价：39.00 元

策划编辑：谭徐锋　　　　责任编辑：赵雯婧
美术编辑：王齐云　　　　装帧设计：周伟伟
责任校对：陈　民　　　　责任印制：马　洁